LE VOYAGE

DE S. M.

L'EMPEREUR NAPOLÉON III

EN ALGÉRIE

Imprimerie du **CORPS LÉGISLATIF**, Poupart-Davyl et comp.,
30, RUE DU BAC, 30

LE VOYAGE

DE S. M. L'EMPEREUR

NAPOLÉON III

EN ALGÉRIE

ET LA RÉGENCE

DE S. M. L'IMPÉRATRICE

MAI-JUIN 1865

RÉDIGÉ D'APRÈS LES DOCUMENTS OFFICIELS

Précédé d'une Notice hiſtorique & suivi de Biographies

PAR

RENÉ DE SAINT-FÉLIX

PARIS

EUG. PICK, DE L'ISÈRE, ÉDITEUR,

GRANDE LIBRAIRIE NAPOLÉONIENNE

PUBLICATIONS UTILES ET NATIONALES

5, RUE DU PONT-DE-LODI, 5

LETTRE A M. EUGÈNE PICK (DE L'ISÈRE)

DIRECTEUR DE LA LIBRAIRIE NAPOLÉONIENNE

Monsieur & cher Éditeur,

Il appartenait à votre librairie, qui enregiftre avec tant de fidélité les faftes du second Empire, de publier, la première, la relation du voyage de Napoléon III dans la plus importante de nos colonies africaines. Le long séjour de Sa Majefté en Algérie eft un des événements qui comptent dans l'hiftoire, & qui, pour moins passionner l'esprit public que les péripéties d'une guerre victorieuse, ne laissent pas cependant de projeter dans l'avenir de ces éclats lumineux dont le faisceau de rayons va toujours s'élargissant. Les guerres de Crimée, d'Italie, de Chine, du Mexique ont glorieusement fait pénétrer le progrès dans les parties du monde les plus diverses & les plus éloignées : l'assimilation définitive de l'Algérie à la France, présagée par le voyage impérial, la nationalisation (qu'on nous passe le terme) d'éléments diftincts, ennemis les uns des autres, & par conséquent du progrès, devoir inéluctable de l'humanité, conftitueront-elles un résultat inférieur en importance à celui des vastes entreprises militaires que les peuples ont admirées ? Ici, comme en algèbre, formuler la question c'est la résoudre.

La haute signification du voyage de l'Empereur vous était apparue, comme à moi, dans toute son étendue, & nous nous sommes compris dès les premières paroles. D'où venait cette entente spontanée, si rare entre les éditeurs & les écrivains ? J'entends déjà votre réponse : — De la communauté des traditions de famille, qui rapproche instantanément deux hommes inconnus l'un à l'autre. Tous deux, nous avons entendu raconter, le soir, au coin de l'âtre, les épisodes gigantesques de l'épopée impériale ; tous deux, nourris moralement des grands souvenirs napoléoniens évoqués par les bouches que nous aimions, nous avons salué avec un battement de cœur enthousiaste l'avénement de celui qui délivrait notre France adorée du cauchemar de l'anarchie. Séparément jusqu'à ce jour, avec une foi profonde & sans préoccupation d'intérêt, comme notre passé le témoigne, nous avons travaillé de notre mieux, dans une humble sphère, à la diffusion de la grande idée de l'époque. Est-il étonnant, après cela, qu'à première vue une entente complète se soit établie entre nous, entente qui assurera peut-être le succès d'un livre écrit avec conviction, propagé avec une intelligente ardeur.

Mon œuvre est terminée, la vôtre commence. Porté par vos auxiliaires dévoués dans tous les départements, cet ouvrage révélera la haute sollicitude de l'Empereur pour les intérêts communs de notre patrie & de sa sœur algérienne. Le soin si éclairé, le zèle si désintéressé que vous apportez à toutes vos publications nationales, m'assurent que la relation du voyage de Napoléon III pénétrera dans toutes les communes & deviendra peut-être la lecture de nombre de veillées. Qu'il aille donc, ce livre sincère, & qu'il fasse son tour de France ! Que, grâce à lui, nos populations agricoles comprennent les heureuses destinées de la colonisation algérienne, favorisée par les puissants moyens qui vont être mis à sa disposition, & grâce auxquels le *grenier d'abondance* de l'empire romain reprendra, doublera son ancienne fertilité, ouvrant ainsi un vaste champ à l'initiative des hommes énergiques désireux de fouiller un nouveau sol. Enfin puisse ce livre, en sillonnant nos villes & nos campagnes, apprendre à beaucoup de nos concitoyens, non pas à aimer l'Empereur davantage — la voix populaire a déjà prouvé l'unanimité de leurs sentiments — mais à mieux connaître, à mieux comprendre l'homme providentiel qui, reprenant le sceptre héréditaire, s'en est servi pour diriger la France dans la route de la justice, de la gloire & de la prospérité.

RENÉ DE SAINT-FÉLIX.

SÉNATUS-CONSULTE

Relatif à l'état des personnes et à la naturalisation en Algérie.

NAPOLÉON,

Par la grâce de Dieu et la volonté nationale, Empereur des Français,

A tous présents et à venir, salut :

Avons sanctionné et sanctionnons, promulgué et promulguons ce qui suit :

Article premier. L'indigène musulman est Français ; néanmoins il continuera à être régi par la loi musulmane.

Il peut être admis à servir dans les armées de terre et de mer. Il peut être appelé à des fonctions et emplois civils en Algérie.

Il peut, sur sa demande, être admis à jouir des droits de citoyen français ; dans ce cas, il est régi par les lois civiles et politiques de la France.

Art. 2. L'indigène israélite est Français ; néanmoins il continue à être régi par son statut personnel.

Il peut être admis à servir dans les armées de terre et de mer. Il peut être appelé à des fonctions et emplois civils en Algérie.

Il peut, sur sa demande, être admis à jouir des droits de citoyen français ; dans ce cas, il est régi par la loi française.

Art. 3. L'étranger qui justifie de trois années de résidence en Algérie peut être admis à jouir de tous les droits de citoyen français.

Art. 4. La qualité de citoyen français ne peut être obtenue, conformément aux articles 1, 2 et 3 du présent sénatus-consulte, qu'à l'âge de vingt et un ans accomplis ; elle est conférée par décret impérial rendu en conseil d'État.

Art. 5. Un règlement d'administration publique déterminera :

1° Les conditions d'admission, de service et d'avancement des indigènes musulmans et des indigènes israélites dans les armées de terre et de mer ;

2° Les fonctions et emplois civils auxquels les indigènes musulmans et les indigènes israélites peuvent être nommés en Algérie ;

3° Les formes dans lequelles seront instruites les demandes prévues par les articles 1, 2 et 3 du présent sénatus-consulte.

Mandons et ordonnons que les présentes, revêtues du sceau de l'État et insérées au *Bulletin des lois*, soient adressées au cours, aux tribunaux et aux autorités administratives, pour qu'ils les inscrivent sur leurs registres, les observent et les fassent observer, et notre ministre de la justice et des cultes est chargé d'en surveiller la publication.

Fait au palais des Tuileries, le 14 juillet 1865.

NAPOLÉON.

Par l'Empereur :

Le ministre d'État,

E. ROUHER.

Vu et scellé du grand sceau :

Le garde des sceaux, ministre de la justice et des cultes,

J. BAROCHE.

NOTICE HISTORIQUE SUR L'ALGÉRIE

Avant de commencer le récit du voyage de l'Empereur en Algérie, nous avons jugé à propos d'initier le lecteur à l'histoire de notre possession africaine, par une courte notice rédigée d'après les documents les plus dignes de foi. Après avoir parcouru ce rapide aperçu, on comprendra mieux peut-être la portée du voyage impérial et l'importance de notre œuvre de colonisation. Nous ne citons pas les très-nombreux écrivains qui nous ont fourni des renseignements par l'intermédiaire des livres, des journaux; mais qu'ils reçoivent nos excuses si nous avons trop librement puisé dans leurs ouvrages, et les remercîments du public si, grâce à leur érudition, nous avons su intéresser nos lecteurs.

LES TEMPS FABULEUX. — CARTHAGE ET ROME

On retrouve encore en Algérie une race dont l'antiquité se dérobe aux investigations de l'histoire : c'est la race *berbère*, désignée à tort sous le nom de *kabyle*.

D'après certaines traditions recueillies par Salluste, qui pouvait s'appuyer sur les livres du roi numide

Hiempsal, les premiers habitants de l'Afrique septentrionale furent les Gétules et les Lybiens, peuples sauvages vivant sans lois, sans gouvernement, se nourrissant de la chair des bêtes fauves et de l'herbe des champs, se reposant où la nuit les surprenait.

Une armée d'émigrants, venue des pays orientaux, leur apporta une certaine civilisation, et, se fondant avec eux, forma la race numide, qui s'est perpétuée jusqu'à nos jours et a reçu la désignation de *berbère* (1).

(1) Nous joignons ici le curieux passage de Salluste sur lequel nous nous sommes appuyé. Les détails appartiennent à la fable; mais, comme dans tous les mythes, le sens général de la tradition exprime un fait vrai.

« A la mort d'Hercule, qui périt en Espagne, selon l'opinion répandue en Afrique, son armée, composée d'hommes de toutes les nations, se trouva sans chef; aussi ne tarda-t-elle pas à se disperser. Parmi les peuples qui la composaient, les Mèdes, les Perses et les Arméniens passèrent en Afrique et vinrent s'établir sur les côtes de la Méditerranée. Les Perses s'approchèrent davantage de l'Océan; ils se firent des cabanes de leurs navires renversés, se mêlèrent aux Gétules par des mariages, et comme, dans leurs fréquentes excursions, ils avaient souvent changé de demeure, ils se donnèrent le nom de *Numides*. Encore aujourd'hui les habitations des paysans numides, appelées *mapales*, ressemblent assez, par leur forme oblongue et leurs toits cintrés, à des carènes de navires.

« Aux Mèdes et aux Arméniens se joignirent les Lybiens, peuple plus voisin de la mer d'Afrique que les Gétules, qui étaient plus près du soleil et de la région du feu. Ils ne tardèrent pas à bâtir des villes; car, n'étant séparés de l'Espagne que par un détroit, ils purent établir avec ce pays un commerce d'échange. Les Lybiens altérèrent peu à peu le nom de Mèdes, et, dans leur idiome barbare, les appelèrent *Maures*.

« Les Perses furent ceux dont la puissance prit le plus rapide accroissement; bientôt l'excès de leur population força les jeunes gens de se séparer de leurs pères et d'aller occuper, près de Carthage, le pays qui porte aujourd'hui le nom de Numidie.

Une nouvelle émigration, venue encore de l'Orient, devait imposer à la Numidie un long joug. Les navires phéniciens qui déposèrent Didon et ses serviteurs sur un rivage inconnu de la Lybie, amenaient aux peuplades africaines des maîtres astucieux destinés à tenir pendant un temps le sceptre du monde.

Les commencements de Carthage furent humbles toutefois. Didon, s'il faut en croire la fable, usa de ruse pour s'établir sur le rivage lybien sans armer contre la ville naissante les tribus indigènes gouvernées par le roi Iarbas. Mais bientôt la colonie phénicienne devint puissante et riche; cependant sa domination en Afrique ne fut ni aussi étendue ni aussi incontestée qu'on le croit généralement; car, visant surtout à l'empire des mers, la métropole africaine laissait aux Numides une grande liberté et se bornait à leur demander un tribut et des contingents de cavalerie.

On sait quelle réputation s'acquirent les guerriers numides, montés sur les chevaux sobres et vifs qu'on retrouve encore en Algérie. Ils contribuèrent à tous les succès de Carthage, et les Romains apprirent à craindre leurs escadrons vaillants et rapides qui

« Dans la suite, les Phéniciens, les uns pour délivrer leur pays d'un surcroît de population, les autres dans des vues ambitieuses, engagèrent à s'expatrier la multitude indigente et quelques hommes avides de nouveautés; ils fondèrent sur la côte maritime Hippone, Hadrumèse et Leptis, et ces villes, bientôt florissantes, devinrent l'appui ou la gloire de la patrie. »

(SALLUSTE, *Jugurtha*, chap. VIII.)

chargaient, se retiraient pour revenir plus ardents et combattaient plutôt comme des légions d'oiseaux que comme des cavaliers. Unis aux Gaulois, ils décidèrent les victoires d'Annibal. On vit pour la première fois nos ancêtres combattre à côté des Africains au visage de bronze dans les plaines de l'Italie ; fait mémorable qu'il était donné à Napoléon III de renouveler à vingt et un siècles d'intervalle.

Carthage s'était servie des Numides pour ébranler la puissance de Rome. Rome, à son tour, se servit contre son ennemie de ce peuple de cavaliers, toujours prêt à se ranger sous l'étendard qui lui promettait des combats et du pillage. Les troupes de Syphax et de Massinissa contribuèrent autant que celles de Scipion à la ruine de la métropole africaine.

LES ROMAINS EN ALGÉRIE

Après s'être emparée des possessions carthaginoises, Rome conquit sur Jugurtha toute la Numidie, mais sans vouloir la gouverner directement tout d'abord. Des princes indigènes furent chargés de l'administration de cette province, à charge de payer tribut aux vainqueurs de Carthage. Toutefois les exigences de la politique ne tardèrent pas à forcer Rome de remettre sous son joug les provinces numides et avec elles la Mauritanie. L'Algérie actuelle, alors représentée par la nouvelle Numidie et la Mauritanie césarienne, se trouvait constituer deux provinces subordonnées à un centre placé au dehors d'elles. Ce centre était Carthage, relevée par les Gracques, embellie par Auguste et devenue le siége d'un proconsul.

La province d'Afrique (ainsi se nommaient les possessions romaines dans cette partie du monde) était devenue sous les empereurs le grenier de Rome; aussi les successeurs d'Auguste donnaient-ils tous leurs soins à assurer la tranquillité de leur province africaine. Cette tranquillité toutefois fut souvent compromise par les exactions des gouverneurs. Des révoltes éclatèrent, dont l'une, guidée par le chef berbère Tacfarinas, faillit compromettre sérieusement la domination de Tibère.

Cependant, lorsque l'empire d'Occident croulait de de toutes parts, l'Afrique était plus romaine que l'Italie; les noms les plus éclairés de la littérature latine à cette époque lui appartiennent : faut-il citer Apulée, Tertullien, saint Cyprien, Arnobe, saint Augustin. Les arts n'y étaient pas moins cultivés que les lettres, comme le témoignent les magnifiques monuments romains que nous avons retrouvés en Algérie.

Quand le siége de l'Empire eut été transporté à Byzance et quand les barbares assiégèrent de tous côtés la puissance romaine expirante, de nombreux soulèvements désolèrent l'Afrique. Ils furent comprimés facilement, mais l'heure approchait où une invasion formidable devait arracher aux empereurs la plus riche de leurs provinces.

Les Vandales avaient envahi les Gaules et l'Espagne. Partis du fond de la Germanie, ils avaient marqué leur route par ces effroyables ravages qui ont fait de leur nom farouche un terme de réprobation. Convertis au christianisme en Pannonie, ils s'étaient hâtés d'embrasser l'hérésie d'Arius et de témoigner de leurs croyances ardentes en exerçant les plus horribles cruautés sur les chrétiens orthodoxes.

Le comte Boniface, gouverneur de l'Afrique, irrité de la défaveur que lui montrait Placidie, laquelle régnait sur l'Occident au nom de son fils Valentinien III, offrit à Genséric de partager avec lui les provinces que Rome lui avait confiées. Le gouverneur romain, aveuglé par la haine, se doutait peu que de l'entrée des Vandales en Afrique daterait sa propre déchéance.

LES VANDALES

Genséric se hâta d'accueillir les propositions de Boniface. L'Espagne, épuisée par ses exactions, était devenue une proie stérile, tandis que l'Afrique, qui se donnait pour ainsi dire à lui, renfermait encore toutes les richesses qui la rendirent célèbre au temps des Césars.

A la tête de 80,000 compagnons, Genséric entra en possession des provinces que lui avait concédées te comte Boniface (les trois Mauritanies tingitane, sitifienne et césarienne), dont le territoire occupait une lisière étroite, le long des côtes, menacée perpétuellement par des peuplades barbares.

Mais le général romain s'aperçut bientôt de la faute qu'il avait commise en se donnant des alliés qui menaçaient de devenir des maîtres. Il se réconcilia avec Placidie et voulut chasser les Vandales. Vaincu par ses anciens auxiliaires, il se retira dans Hippone (Bône), où il soutint un siège de quatorze mois. Enfin Genséric le contraignit à signer une paix garantissant aux Vandales la possession de tout le pays, depuis les colonnes d'Hercule jusqu'à Hippone et Cirta, la moderne Constantine (année 435).

Genséric s'occupa immédiatement d'organiser sa conquête, et de créer une armée ainsi qu'une marine redoutables. La guerre ne tarda pas à se rallumer entre les anciens maîtres de la Mauritanie et les envahisseurs. La victoire se déclara pour les Vandales. Ils s'emparèrent même de Rome et la pillèrent quatorze jours. Plus tard un puissant effort fut tenté par l'empereur Léonce. On put croire qu'une armée de 100,000 hommes, rassemblée sous les ordres de Basiliscus, suffisait pour ramener au joug les provinces conquises : cet espoir fut trahi. La flotte impériale fut incendiée par l'ennemi ; Basiliscus, après avoir vu son armée presque anéantie, s'enfuit à Constantinople ; la cour de Byzance fut obligée de s'humilier. Un traité conclu en 476 établit d'une façon définitive les droits de Genséric sur l'Afrique du Nord ainsi que sur la Sardaigne, les Baléares, la Corse et la Sicile.

Les successeurs de Genséric ne suivirent point les traces du terrible fondateur de la monarchie vandale. Sous leur règne, une décadence profonde succéda à l'énergique vitalité qui avait caractérisé les entreprises de Genséric. Les Vandales s'étaient appropriés tous les vices de Rome au déclin. Étrange phénomène! en moins d'un siècle un empire naissant passait à la caducité et allait devenir la proie de la puissance expirante à laquelle il avait porté des coups mortels!

BÉLISAIRE EN AFRIQUE

Hildérik, quatrième successeur de Genséric, avait été élevé à la cour de Constantinople et y était devenu l'ami de Justinien. Mais cette amitié même et le christianisme orthodoxe, qu'il avait embrassé en Orient, devinrent la cause de sa ruine en lui attirant la haine de ses sujets. Gélimer, que des victoires répétées sur les peuplades maures avait fait aimer de la multitude, profita des sentiments de répulsion qu'inspirait Hildérik pour le renverser du trône. Son usurpation fournit à Justinien de prendre une revanche sur les Vandales.

Bélisaire débarqua avec 30,000 hommes de troupes aguerries sur les confins de la Byzacène et de la Tripolitaine. Il remporta des succès rapides et s'empara de Carthage (533). Gélimer voulut tenter un dernier effort et lui présenta la bataille à Tricaméron. Les Vandales furent battus et éprouvèrent de grandes pertes : la chute de leur empire était désormais consommée.

Gélimer s'enfuit dans les monts Papuer (l'Edour'). Bélisaire, aussitôt après sa victoire, s'empressa de faire rentrer sous la domination byzantine les îles de la Méditerranée et toute la Mauritanie. Enfin après avoir rétabli les fortifications de Carthage, après avoir rendu à l'Église catholique la juridiction, les richesses et les priviléges que l'hérésie arienne avait retenus si longtemps; après avoir reconstitué l'administration sur ses bases anciennes, Bélisaire retourna à Constantinople pour y jouir de son triomphe.

LA DOMINATION BYZANTINE

Le triomphe des empereurs d'Orient fut plus glorieux que fructueux. Les incursions des Maures, le mécontentement de la population vandale, l'avidité des troupes byzantines, compromirent plus d'une fois l'autorité du César de Constantinople, jusqu'au moment où une audacieuse invasion vint trancher tous les démêlés.

LES ARABES EN ALGÉRIE

Mahomet, en réunissant sous le sceptre religieux les tribus divisées de l'Arabie, avait préparé la conquête de la moitié du monde connu. Après sa mort, la race sémitique se répandit de toutes parts comme un torrent débordé, renouvelant la face de la terre et abattant la croix sous le tranchant du sabre. Les vastes plaines de l'Afrique du Nord offrant un chemin facile à la rapide cavalerie arabe, on devait bientôt voir apparaître le long de la Méditerranée les tenaces conquérants qui occupent encore ces rivages.

Après avoir conquis l'Égypte et la Cyrénaïque, ils s'avancèrent en effet dans l'ancienne Mauritanie, occupée alors par les Visigoths d'Espagne à l'ouest et gouvernée à l'est par l'usurpateur Grégoire, qui avait secoué le joug de Byzance.

Les Arabes à peine entrés sur ce territoire fondèrent la ville de Kaïrouan (1) destinée à devenir la capitale de leurs possessions dans l'Afrique du Nord. Partout ils furent accueillis par les Berbères comme des libérateurs venus pour les soustraire au joug pesant des grandes familles romaines. Les Berbères embrassèrent l'islamisme sans trop de répugnance et montrèrent pendant quelque temps assez de bon vouloir pour leurs nouveaux maîtres. Mais, bientôt fatigués des exigences des Arabes, de leur fanatisme et de leur sévérité, les indigènes s'allièrent avec les Romains vaincus, écrasèrent les envahisseurs et recouvrèrent momentanément leur indépendance (683).

Ce succès fut de courte durée. Les Arabes, outrés

---

(1) Cette ville, située dans la régence de Tunis, est encore très-importante. Les populations musulmanes la révèrent profondément et en ont fait une cité sainte.

de cette révolte, se précipitèrent en foule sur l'Afrique occidentale, la reconquirent tout entière et firent chèrement expier leur première défaite. Les flots de la Méditerranée eux-mêmes ne purent servir de borne à leur ardeur dévastatrice. Appelés en Espagne par la trahison du comte Julien, ils renversèrent le trône des Visigoths et ne craignirent pas de franchir les Pyrénées pour venir se faire écraser par Charles Martel dans les vastes champs de Poitiers.

Nous n'entrerons pas dans le détail de l'histoire algérienne sous la domination des Arabes; les limites imposées à cet ouvrage ne permettant pas d'énumérer les nombreuses et stériles commotions dont le pays berbère fut le théâtre pendant plusieurs siècles. Rien de plus obscur d'ailleurs que cette période où s'entassent des faits souvent sans liaison.

LA RÉGENCE D'ALGER

Après la conquête de Grenade, les Espagnols songèrent à poursuivre jusqu'en Afrique les Maures fugitifs. En 1504, les troupes du roi Ferdinand s'emparèrent de Mers-el-Kébir, près d'Oran, et cette dernière ville elle-même ne tarda pas à tomber au pouvoir des chrétiens. Pierre de Navarre, auquel avait été confié le commandement des troupes espagnoles, fit voile pour Bougie et s'en empara sans coup férir. Toutes les villes voisines, et Alger la première, firent aussitôt leur soumission (1510).

C'est ici le lieu de dire quelques mots sur les origines de cette cité qui allait devenir si célèbre.

Au commencement du seizième siècle, Alger n'était qu'un petit port fréquenté par quelques pirates et défendu par une tour isolée qui servait de point de reconnaissance pour le mouillage. La bourgade s'élevait, dit-on, sur l'emplacement de la ville romaine d'Icosium, fondée par les compagnons d'Hercule, selon la tradition; quelques îles disséminées à l'entrée du port le mettait à l'abri du vent et de la mer. El Djézaïr (les îles), dont nous avons fait Alger, fut le nom donné à cette bourgade, qui ne commença guère à figurer dans l'histoire qu'à l'époque de sa soumission aux Espagnols.

Les habitants d'Alger avaient promis au comte de Navarre de ne fournir aucun secours aux corsaires qui viendraient se réfugier dans leur port; mais, peu confiant dans cette promesse, le général espagnol jugea prudent de fortifier les îlots et d'y laisser une garnison pour en imposer au pays : c'est alors qu'il fit bâtir, sur le même emplacement qu'occupait la tour des Maures, et en partie avec ses matériaux, ce fort circulaire qui, bien armé de soldats et de canons, acquit une certaine célébrité parmi les navigateurs; on le désignait sous le nom de Peñon (de Peña, rocher). L'avantage de sa position dépendait, comme on peut le voir, de deux circonstances; il était dû à son isolement, car il occupait presque entièrement tout l'îlot de l'Ouest; puis à la proximité de la ville, qui permettait d'y atteindre avec le canon et même avec la mousqueterie.

Les Espagnols traitèrent la ville avec tant de rigueur que les Algériens commencèrent à s'agiter sourdement pour recouvrer leur liberté. La mort de Ferdinand, survenue en 1516, fut le signal de la révolte. Les Algériens appelèrent à leur secours Salem-ben-Temi, prince arabe renommé par sa bravoure et ses talents militaires, ainsi que le premier Barberousse (Aroudj), célèbre pirate qui venait de s'emparer de Djigelli. L'attaque réussit, les Espagnols furent chassés de la ville, mais ils conservèrent le Peñon, qui dominait le port d'Alger. Toutefois, les habitants de la ville n'eurent pas à se féliciter de leur victoire; Barberousse, après s'être défait du cheik Salem-ben-Temi, s'empara du pouvoir et devint maître absolu d'Alger, avec l'aide de ses soldats turcs. Son règne fut court et belliqueux. Il mourut en 1518, en combattant les Espagnols d'Oran.

Khéir-ed-Din, son frère, lui succéda, et se voyant menacé de toutes parts, il renonça à son indépendance et implora le secours du sultan Sélim Ier, qui lui envoya 2,000 janissaires, de l'artillerie, de l'argent, et lui conféra le titre de bey d'Alger.

Khéir-ed-Din songea dès lors à la réalisation d'un projet formé depuis longtemps. Il pensa à enlever le Peñon, « cette épine » qui perçait le cœur des Algériens, à se débarrasser au plus tôt des Espagnols et à mettre le port à l'abri des canons étrangers.

D. Martin de Vargas était gouverneur du Peñon. Ce fut lui qui défendit ce château contre la première attaque des Turcs, au temps de Salem-ben-Temi, et lorsque Aroudj les commandait (1516). Khéir-ed-Din songeait donc au moyen de faire le siége de cette forteresse, quand un Espagnol, trahissant ses devoirs, vint secrètement à la nage trouver les Algériens, auxquels il apprit que la famine désolait la place, les secours que D. Martin de Vargas avait demandés à son souverain n'étant pas arrivés. Cette circonstance décida Khéir-ed-Din à ne pas différer l'entreprise; il essaya d'abord d'obtenir le Peñon par voie de négociations. En conséquence, il envoya un parlementaire à Vargas pour lui proposer de se rendre, lui promettant d'accepter une capitulation honorable pour lui et ses soldats. Martin de Vargas refusa avec fierté, et de manière à enlever au chef des Algériens tout espoir d'un arrangement.

D'Aranda raconte également que Khéir-ed-Din avait d'abord pensé à un accommodement, mais que, voulant se ménager des intelligences dans la place, il avait décidé deux jeunes Maures à se rendre dans le Peñon, sous prétexte d'embrasser le christianisme. Martin de Vargas s'empressa d'accueillir les deux transfuges et fit commencer leur instruction religieuse, afin de pouvoir leur donner plus tard le baptême. Le jour de Pâques étant arrivé, le capitaine espagnol et ses soldats entendaient la messe dans la chapelle, lorsque les deux Maures, montant sur une terrasse, firent des signaux aux Algériens, sans doute dans l'intention de leur apprendre que le moment était favorable pour l'attaque, puisque tous les chrétiens étaient occupés à la prière. Une femme au service de Vargas aperçut les signaux et en donna avis à son maître, qui fit pendre les deux espions en vue de toute la ville.

C'est alors que Khéir-ed-Din, selon d'Aranda, aurait fait faire à Vargas des propositions de capitulation, repoussées énergiquement. L'attaque du Peñon commença le 6 mai 1530 et se prolongea durant plusieurs jours et plusieurs nuits. Le 16 mai, les parapets étaient tout démantelés, les murs du château écroulés en plus d'un endroit; beaucoup d'entre les assiégés avaient succombé où se trouvaient hors de combat; ceux qui restaient étaient harassés de fatigue et mouraient littéralement de faim. Khéir-ed-Din, à la tête de 1,300 Turcs, passa l'eau et se porta vers la brèche, où il vit tout à coup Martin de Vargas seul, l'épée à la main, atteint de plusieurs blessures, prêt à défaillir; on s'empara de lui sans que sa vie fût en danger. Khéir-ed-Din pressa son prisonnier de renoncer à la foi catholique, lui promettant honneurs militaires et richesses; ses instances durèrent plusieurs mois; mais, irrité à la fin du refus de Vargas, il le fit misérablement mourir sous le bâton.

Quant à la petite garnison du Peñon, une partie avait été massacrée et l'autre jetée en esclavage (1).

---

(1) Ces détails sont empruntés à l'excellent *Itinéraire historique et descriptif de l'Algérie* par M. Louis Piesse (collection de Guides Joanne).

EXPÉDITIONS DE CHARLES-QUINT CONTRE TUNIS ET CONTRE ALGER

En 1533, le sultan Soliman appela auprès de lui Khéir-ed-Din auquel il conféra la dignité de capitan-pacha. A son départ, le bey laissa le commandement d'Alger à un eunuque nommé Hassan-Aga, rénégat sarde, dont la bravoure égalait la cruauté. Hassan, ancien pirate, continua, pendant son gouvernement, ses déprédations avec une telle audace, que le pape Paul III sollicita Charles-Quint d'y mettre un terme. Déjà ce prince, quelques années auparavant, avait renversé la puissance élevée par Barberousse à Tunis. Muley-Hassem régnait dans cette ville, sous la suzeraineté de l'Espagne; lorsque Khéir-ed-Din arriva à Constantinople, il conseilla au sultan de réunir à sa vaste domination les États de Muley; le sultan, adoptant ce conseil, confia à son capitan-pacha le commandement d'une flotte, avec laquelle celui-ci s'empara bientôt de Tunis. Maître de la ville et du fort de la Goulette, dont il augmenta les fortifications, Barberousse infesta la mer de ses brigandages, et menaça non-seulement la Sardaigne et la Sicile, mais encore l'Italie et l'Espagne.

Charles-Quint, pour mettre un terme à ces pirateries, rassembla à Cagliari 30,000 hommes de troupes d'élite, commandées par le marquis del Guasto, réunit 500 navires pour les porter et s'embarqua lui-même avec son armée, le 16 juillet 1535. Après une heureuse navigation, l'Empereur, arrivé devant Tunis, fit débarquer ses troupes. Les historiens remarquent qu'il occupa les mêmes lignes que saint Louis.

La prise du fort de la Goulette, emporté d'assaut, rendit l'Empereur maître de la flotte et de l'arsenal; une affaire générale lui livra la ville, et un mois s'était à peine écoulé depuis le départ de Cagliari, que Muley-Hassem, remonté sur son trône, se reconnaissait de nouveau vassal de l'Espagne. 20,000 esclaves chrétiens durent leur liberté à cette glorieuse expédition. Le retour fut moins heureux, il est vrai; une tempête violente dissipa la flotte.

Le succès de cette première expédition était d'un heureux augure pour l'avenir; l'Empereur répondit donc à l'appel du pape, et donna des ordres pour rassembler, sur les côtes d'Espagne et d'Italie, deux armées composées de ses meilleures troupes, auxquelles se joignit l'élite de nobles italiens et espagnols. Parmi ces derniers, on remarquait le conquérant du Mexique, Fernand Cortès, qui se présenta comme volontaire avec ses trois fils. Le grand maître de Malte envoya 500 chevaliers, accompagnés chacun de deux combattants. Les deux flottes sur lesquelles devaient s'embarquer les deux armées furent réunies sous le commandement du vieil André Doria, le plus grand homme de mer de son époque (1541).

Cependant les préparatifs avaient traîné en longueur; l'Empereur lui-même, à la fin d'août, n'était pas encore au rendez-vous général. Enfin il arriva en Italie, et, le 15 septembre, il eut à Lucques une entrevue avec le pape, qui, bien que la guerre se fît à ses sollicitations, conjura le monarque de ne plus penser à une expédition trop tardive pour avoir du succès.

Le marquis del Guasto et Doria lui adressèrent aussi la même prière; ce fut inutilement, et les deux flottes, ayant mis à la voile, arrivèrent le 26 octobre devant Alger, non sans grandes difficultés. Le débarquement se fit avec ordre et célérité, à une demi-lieue à l'est de la ville. Les forces réunies montaient à 22,000 hommes d'infanterie et à 1,100 chevaux; mais le mauvais temps s'opposa au débarquement complet des bagages, des vivres et des munitions.

Malgré cette fâcheuse occurrence, les attaques de l'ennemi furent énergiquement repoussées. L'investissement de la place était presque complet; l'Empereur s'était placé lui-même sur la hauteur de *Sidi-Iacoub*, qui domine la ville, et où s'éleva plus tard le fort l'Empereur : l'attaque générale devait avoir lieu le lendemain, et tout faisait présager le succès, lorsqu'un orage accompagné de grêle et de torrents de pluie vint éclater sur l'armée sans abri; en même temps une tempête des plus violentes dispersa la flotte.

Hassan-Aga, profitant des désastres de l'armée chrétienne pour l'attaquer, fit de vigoureuses sorties, dont l'une desquelles il détruisit presque complétement les chevaliers de Malte.

Le 29, le mauvais temps s'étant un peu calmé, il fut possible de reconnaître les pertes des deux jours précédents : 150 vaisseaux et 8,000 hommes avaient péri. L'Empereur, désespérant désormais de prendre la ville, et cédant aux conseils de Doria, qui lui avait écrit, se décida à la retraite ; mais, arrêté par les eaux grossies de l'Haratch et de l'Hammiz, il ne put arriver que le 31 au cap Matifoux, où l'attendaient les débris de sa flotte. Charles, en revoyant le vieil amiral, lui avoua qu'il était puni de lui avoir désobéi. On fit voile pour Bougie, où l'Empereur, après avoir remercié les officiers qui l'avaient accompagné dans cette expédition, quitta l'armée pour se rendre en Espagne (1).

LA PIRATERIE ALGÉRIENNE

La défaite des Espagnols avaient été tellement complète qu'ils ne furent plus en état d'inquiéter les Algériens. Ceux-ci, poursuivant le cours de leurs succès, enlevèrent successivement toutes les possessions espagnoles en Afrique. Bougie fut prise par eux en 1552, et à l'exception d'Oran et de Mers-el-Kébir, qui ne devaient succomber qu'en 1708, l'Espagnol fut entièrement chassé du sol de la régence.

Enhardis par l'impunité, les pirates algériens, ainsi que ceux de Tunis et de Tripoli, devinrent plus

---

(1) *Encyclopédie moderne.*

nombreux et plus audacieux que jamais. Pendant plus d'un siècle, ils portèrent la terreur et la désolation jusque sur les côtes d'Espagne et d'Italie; ils débarquaient à l'improviste, dévastaient les villages et traînaient les habitants en esclavage. Louis XIV se chargea enfin de venger l'honneur de la chrétienté : neuf expéditions eurent lieu dans son règne, de 1663 à 1688; la seconde seulement fut accompagnée de débarquement.

LE DUC DE BEAUFORT

En 1663, le duc de Beaufort, avec six vaisseaux et six galères, donna la chasse aux pirates d'Alger, leur coula une vingtaine de navires, et les obligea de se tenir pendant quelques mois renfermés dans leurs ports. Mais, l'année suivante, ils recommencèrent leurs courses, et le même duc de Beaufort fut encore chargé de les remettre à la raison. Seize vaisseaux allèrent débarquer devant Djigelli, à cinquante lieues à l'ouest d'Alger, 6,000 hommes, qui s'emparèrent de la ville, y construisirent un fort et battirent un nombre considérable de Maures. Cependant peu de temps après tout fut abandonné.

En 1665, le duc de Beaufort rencontra la flotte algérienne à la hauteur de Tunis et lui fit éprouver de telles pertes que, pendant seize ans, les corsaires ne purent rien entreprendre.

DUQUESNE, TOURVILLE ET LE MARÉCHAL D'ESTRÉES

En 1681, Duquesne et Tourville, qui servait sous lui, détruisirent presque complétement la flotte tripolitaine devant Chio. La paix fut conclue par la médiation du Grand Seigneur.

L'année d'après, Duquesne et Tourville arrivèrent devant Alger avec des forces considérables; ils brûlèrent trois vaisseaux algériens et bombardèrent la ville; mais la mauvaise saison ramena dans les ports de France la flotte qui, à son retour, fit éprouver de nouvelles pertes à la marine algérienne.

En 1683, le bombardement fut repris; la moitié de la ville était déjà renversée, lorsque le dey fut tué au moment où il allait traiter. Le nouveau dey, *Hossayn*, surnommé *Mezzo Morto*, qui avait rompu les négociations de son prédécesseur en le faisant assassiner, fit attacher le consul de France à la bouche d'un canon et massacra tous les captifs français; la fuite seule put le soustraire à l'exaspération de la populace. Son successeur Ibrahim, pour apaiser Louis XIV, lui envoya demander solennellement par Djafar-Aga le plus humble pardon; et cependant il fallut que Tourville, en 1687, et le maréchal d'Estrées, en 1688, allassent de nouveau châtier ces incorrigibles pirates, en jetant plus de 10,000 bombes dans leur repaire.

Ce fut quelques années plus tard (1694) que le

gouvernement d'Alger reconnut les droits de propriété de la France sur le littoral entre Bône et Thabarqah, indépendamment de la concession exclusive de la pêche du corail et du commerce entre Bône et Bougie.

En 1685, le maréchal d'Estrées avait imposé aux Tripolitains et au dey de Tunis la paix à des conditions rigoureuses.

Toutes ces expéditions furent honorables pour la France et glorieuses pour sa marine; mais elles n'eurent aucun résultat décisif, puisque les Algériens reprenaient la mer dès qu'ils avaient réparé leurs pertes.

COMMENCEMENT DES DEYS D'ALGER

Nous avons vu plus haut que Khéir-ed-Din s'était mis sous le patronage du Sultan; depuis lors la Porte avait continué d'envoyer des officiers avec le titre de pacha pour gouverner Alger. Cet état de choses dura jusqu'au commencement du dix-septième siècle. A cette époque, la milice, mécontente du gouverneur turc qui la payait mal, sollicita et obtint du Grand Seigneur la faculté de se choisir un *dey* ou patron qui, résidant continuellement à Alger, aurait l'administration de l'État, payerait la milice et enverrait des tributs réguliers à Constantinople, au lieu d'en recevoir la solde des janissaires algériens. Le pacha nommé par la Porte devait conserver ses honneurs, son traitement, mais il n'opinait au divan que quand on lui demandait son avis, ou quand la délibération avait lieu sur un objet intéressant la Porte.

Alger posséda donc un pacha et un dey jusqu'au moment de l'élévation d'Aly (1710). Cet homme, sorti des derniers rangs de la milice turque, était doué d'une grande bravoure et d'une grande ténacité de caractère ; aucun obstacle ne l'arrêtait. Un complot s'étant organisé contre lui, il n'hésita point à faire tomber dix-sept cents têtes dans le premier mois de son avénement. Une telle rigueur donna naissance à de nouveaux complots, dont le pacha fut le principal fauteur ; Aly le fit arrêter et embarquer pour Constantinople, et il envoya en même temps au sultan Ahmed des ambassadeurs chargés de riches présents. Le divan ne put se dispenser d'approuver la conduite d'un homme qui employait de tels moyens de justification ; Aly fut élevé à la dignité de pacha et reçut l'investiture de cette dignité par l'envoi des trois queues. Les deys gouvernèrent de ce moment sans partage (1).

(1) *Encyclopédie moderne.*

GUERRES AVEC LES ESPAGNOLS

Comme nous l'avons dit plus haut, les Algériens en 1708 s'étaient emparés d'Oran et de Mers-el-Kébir. Philippe V, dès que son pouvoir fut affermi, songea à recouvrer ces importantes possessions. Le comte de Montemar partit à la tête d'un corps de troupes et remplit avec succès la mission qui lui avait été confiée (1732).

Nous ne nous sommes pas étendu jusqu'à présent sur l'histoire intérieure d'Alger, pendant toutes les époques successivement parcourues. Rien de plus monotone en effet que la suite continuelle de séditions militaires devenues pour ainsi dire l'état normal de la régence. Il nous suffira de dire, pour caractériser suffisamment l'anarchie régnant à Alger que, en 1732, *un même jour* vit l'élection de cinq deys massacrés les uns après les autres. On peut encore visiter leurs tombes situées en dehors du faubourg de Bab-el-Oued.

En 1775, les Espagnols firent une nouvelle tentative contre Alger; quoique bien préparée, l'expédition eut une fin désastreuse. Le général O'Reilly débarqua avec 30,000 hommes et 100 pièces de canon. Il fut obligé de battre en retraite après avoir subi de graves pertes.

Oran et Mers-el-Kebir, assiégés par les Algériens

(1791) et ruinés par un tremblement de terre, se rendirent aux troupes de la régence.

PREMIERS DÉMÊLÉS AVEC LA FRANCE. — EXPÉDITION DE LORD EXMOUTH

En 1793, la France ayant eu besoin de suppléer, pour l'approvisionnement de ses armées, à l'insuffisance des récoltes dans les provinces méridionales, le dey Hassan autorisa des exportations de blé que fournirent les maisons juives Bacri et Busnach. La liquidation et le payement des fournitures, qui continuèrent pendant plusieurs années et qui s'élevèrent à des sommes considérables, furent la cause première de nos démêlés avec Alger et, par suite, de notre conquête.

A l'époque de l'expédition française en Égypte, la Porte enjoignit au dey d'Alger de déclarer la guerre à la France. Les Français furent donc expulsés de leurs comptoirs de Bone et de la Calle, et le consul de France à Alger fut emprisonné. Mais cette mésintelligence fut de peu de durée, car un traité de paix avec la régence fut signé en 1801. Napoléon exigea que non-seulement la France, mais encore tous les États réunis sous la domination française ou compris dans son alliance, fussent respectés par les corsaires ; Alger se soumit à cette injonction.

Cependant les troubles politiques et les guerres qui avaient désolé l'Europe pendant vingt ans, ayant suspendu toutes les attaques contre Alger, cette puissance en profita pour se mettre dans un état de défense formidable et pour remplir son trésor par les courses de ses corsaires.

Après la paix générale de 1815, quelques Anglais ayant été maltraités à Bône, lord Exmouth fut chargé par son gouvernement d'aller, à la tête d'une escadre, demander satisfaction au dey d'Alger. Dans les premières négociations, l'amiral anglais avait consenti à accepter l'arbitrage de la Porte, ou, pour mieux dire, il était parvenu à le faire accepter au dey *Omar-ben-Mahommed*. Le cabinet de Londres ayant rejeté cet arrangement, une seconde expédition, plus formidable que la première, fut dirigée contre Alger.

Le 27 août l'escadre anglaise, forte de 37 voiles, dont 6 portant le pavillon hollandais, se présenta devant Alger et signifia au dey que l'Angleterre exigeait : 1° l'abolition immédiate de l'esclavage des Européens ; 2° une réparation suffisante des insultes et dommages que les sujets anglais venaient d'éprouver dans les États d'Alger.

Le dey ayant repoussé ces propositions avec mépris, le bombardement commença immédiatement. Bientôt les forts de la Marine et les chantiers, foudroyés par l'artillerie anglaise, restèrent sans défenseurs, et les bâtiments mouillés dans le port devinrent la proie des flammes. Mais cet éclatant succès fut chèrement acheté : plusieurs bâtiments anglais furent démâtés, et 2,400 hommes furent mis hors de combat. Cependant, comme la ville avait beaucoup souffert, le peuple se révolta et força le dey à demander la paix à lord Exmouth, qui, hors d'état de recommencer une nouvelle attaque, était sur le point de retourner à Gibraltar.

L'amiral exigea l'abolition absolue de l'esclavage chrétien, la délivrance, sans rançon, des captifs de toutes les nations européennes, la restitution d'une somme considérable payée récemment pour le rachat de 370 esclaves napolitains, enfin l'affranchissement de tout tribut précédemment imposé au pavillon hollandais, qui devait jouir désormais des mêmes avantages que l'Angleterre.

NOUVELLES PIRATERIES DES ALGÉRIENS. — OUTRAGE FAIT AU CONSUL DE FRANCE

Malgré les sommations répétées de toutes les puissances européennes, les pirates algériens continuaient à infester les mers. Rien ne pouvait abattre l'audace de ces forbans, et les mesures les plus énergiques pouvaient à peine assurer quelques semaines de navigation tranquille aux navires de commerce dans la Méditerranée. Un concours de circonstances imprévues vint fournir au gouvernement français l'occasion de ruiner la piraterie barbaresque.

Nous avons dit que la régence d'Alger avait expédié à la France, de 1793 à 1798, des quantités considérables de grains, tant pour l'approvisionnement des départements du Midi que pour le ravitaillement des expéditions d'Italie et d'Égypte. Le payement de ces fournitures avait été suspendu par l'épuisement du trésor public, et aussi parce qu'il y avait des contestations au sujet d'une forte partie de grains avariés qui avaient été refusés. De là de vives et incessantes réclamations de la part du dey d'Alger, Mustapha. Napoléon, pour éviter une guerre à laquelle il n'était pas préparé, fit solder plusieurs à-compte successifs.

Louis XVIII, à son avénement, ordonna de terminer cette affaire, pour rétablir entre la France et l'Algérie la bonne intelligence que demandaient les intérêts commerciaux des départements du Midi. Une transaction, acceptée dans les premiers jours d'avril 1820, réduisit de moitié la somme de 14 millions que réclamait le dernier dey. Il faut observer que le monopole des grains, formant un des principaux revenus de la régence, Hussein-Pacha, qui était alors dey d'Alger, se trouvait créancier des juifs Busnach et Bacri pour une somme de 70,000 piastres, sur la valeur des grains que ces deux négociants avaient tirés des magasins du dey pour être exportés en France. Busnach et Bacri étant eux-mêmes débiteurs de plusieurs citoyens français, le gouvernement du roi, d'accord avec le dey, avait stipulé que leurs dettes seraient payées sur le montant des 7 millions revenant à la régence d'Alger. Cette somme entière fut absorbée par les créanciers, et Hussein-Pacha fut conduit à croire que, par suite des intrigues de Busnach et de

Bacri, et au moyen de créances supposées, il avait été frustré de ses droits personnels. Il écrivit plusieurs fois aux ministres du roi de France, tant pour obtenir justice que pour se faire livrer ses deux sujets Busnach et Bacri. On lui répondit que, la transaction ayant été accomplie dans ses clauses formelles, il n'avait aucune plainte à élever, et que, quant à ses deux sujets, Bacri s'était fait naturaliser Français, et Busnach habitait Livourne en Italie. Hussein-Pacha tenta encore de nouvelles démarches, dans lesquelles intervint le consul de Sardaigne, et auxquelles on opposa un dédaigneux refus; il contint son ressentiment jusqu'au 30 avril 1827.

Il était d'usage que chaque année, à cette époque, après les fêtes du Beïram, les consuls étrangers se rendissent à la Kasbah pour saluer le chef de l'État; ils prenaient rang dans cette cérémonie derrière le dernier des Turcs; mais l'agent français avait obtenu pour l'honneur national qu'il serait admis la veille en audience particulière. Dans cette entrevue, il débuta par prendre sous sa protection un navire romain qui venait d'entrer dans le port.— « Comment, s'écria le dey avec impatience, viens-tu me fatiguer pour des objets qui ne regardent point la France, lorsque ton gouvernement ne daigne pas même répondre aux lettres que je lui adresse au sujet de mes intérêts? » Soit ignorance de la valeur précise de termes de la langue turque, soit oubli des convenances, le consul français répondit à Hussein-Pacha en plein divan : — « Le roi, mon maître, ne des-

cend pas jusqu'à répondre à un homme tel que toi. »
Le dey ne put maîtriser sa colère, et au lieu de
demander au gouvernement français une honorable réparation, il frappa au visage le représentant de la France avec un éventail qu'il tenait à la
main (1).

Le gouvernement français ordonna au consul
de quitter Alger. Le dey répondit en faisant détruire
tous les établissements français en Afrique, et notamment le fort de la Calle (21 juin 1827).

BLOCUS D'ALGER. — PRÉPARATIFS DE GUERRE

La marine française mit aussitôt le blocus devant
les ports algériens. Mais cette mesure, qui donnait
peu de résultats, nous coûtait annuellement plus de
7 millions. Il fallait prendre un parti définitif.

M. de la Bretonnière fut envoyé auprès d'Hussein-Dey et lui exposa les justes réclamations de la
France. Non-seulement le dey refusa tout accommodement, mais encore il fit tirer sur le bâtiment parlementaire que Charles X lui avait envoyé.

Ce dernier outrage comblait la mesure. Il ne restait plus qu'un seul parti à prendre : disons à l'honneur de la Restauration qu'elle sut agir avec une
rare énergie.

La guerre contre Alger fut donc résolue, et les pré-

---

(1) Amédée Gréhan. *France maritime.*

paratifs d'une expédition formidable, destinée à aller venger la France et détruire la piraterie, furent commencés sur-le-champ et poussés avec la plus vigoureuse activité.

En moins de trois mois, 35,000 hommes de nos meilleures troupes, parfaitement armés et équipés, amplement fournis en outre de tout ce qui est nécessaire dans un pays où la chaleur du jour et la fraîcheur des nuits sont des ennemis redoutables, se trouvèrent rassemblés autour de Toulon. La flotte qui devait conduire en Afrique cette belle armée se composait de 100 bâtiments de guerre, au nombre desquels étaient 11 vaisseaux et 24 frégates, et de près de 400 transports.

Le vice-amiral Duperré, dont le nom jouissait parmi les marins d'une brillante réputation, fut mis à la tête de cet armement. Le maréchal de Bourmont, ministre de la guerre, prit lui-même le commandement des troupes de débarquement. Parmi les généraux placés sous ses ordres, on citait les lieutenants généraux Berthezène, Loverdo, d'Escars; les maréchaux de camp Achard, Damrémont, Munck d'Uzer, Tholosé; Valazé, du génie; Lahitte, de l'artillerie.

L'embarquement du matériel s'était opéré dans le courant d'avril et dans les premiers jours de mai; celui des troupes, qui formaient trois divisions, commença le 11 mai; mais, interrompu par le mauvais temps, il ne fut terminé que le 18.

Quelques jours avant le départ, le maréchal de

Bourmont et le vice-amiral Duperré avaient adressé à l'armée et à la flotte les proclamations suivantes :

« Soldats !

« L'insulte faite au pavillon français vous appelle au delà des mers : c'est pour le venger qu'au signal donné du haut du trône vous avez tous brûlé de courir aux armes, et que beaucoup d'entre vous ont quitté avec ardeur le foyer paternel.

« A plusieurs époques, les étendards français ont flotté sur la plage africaine. La chaleur du climat, la fatigue des marches, les privations du désert, rien n'a pu ébranler ceux qui vous y ont devancés. Leur courage tranquille a suffi pour repousser les attaques tumultueuses d'une cavalerie brave, mais indisciplinée. Vous suivrez leur glorieux exemple.

« Les nations civilisées des deux mondes ont les yeux fixés sur vous. Leurs vœux vous accompagnent. La cause de la France est celle de l'humanité; montrez-vous dignes de votre noble mission; qu'aucun excès ne ternisse l'éclat de vos exploits ! Terribles dans les combats, soyez justes et humains après la victoire; votre intérêt le commande autant que le devoir. Trop longtemps opprimé par une milice avide et cruelle, l'Arabe verra en nous des libérateurs; il implorera notre alliance. Rassuré par notre bonne foi, il apportera dans nos camps les produits de son sol. C'est ainsi que, rendant la guerre moins longue et moins sanglante, vous remplirez les vœux d'un souverain aussi avare du sang de ses sujets que jaloux de l'honneur de la France.

« Soldats, un prince auguste vient parcourir vos rangs. Il a voulu se convaincre lui-même que rien n'avait été négligé pour adoucir vos veilles et pourvoir à vos besoins. Sa constante sollicitude vous suivra dans les contrées inhospitalières où vous allez combattre. Vous vous en rendrez dignes en observant cette discipline sévère qui valut à l'armée qu'il conduisit à la victoire l'estime de la France et celle de l'Europe entière. »

« Officiers, sous-officiers et marins,

« Appelés avec vos frères d'armes de l'armée expéditionnaire à prendre part aux chances d'une entreprise que l'honneur et l'humanité commandent, vous devez aussi en partager la gloire. C'est de nos efforts communs et de notre parfaite union que le roi et la France attendent la réparation de l'insulte faite au pavillon français. Réveillons les souvenirs qu'en pareille circonstance nous ont légués nos pères ; imitons-les, et le succès est assuré. Partons; *vive le roi!* »

DÉPART DE LA FLOTTE
DÉBARQUEMENT A SIDI-FERRUCH

Après avoir attendu plus de huit jours un vent favorable, la flotte mit à la voile le 25 mai et sortit majestueusement du port de Toulon. Les hauteurs voisines étaient couvertes d'une nombreuse population accourue de tous les points du royaume pour assister à ce magnifique spectacle. Il y avait de longues années, en effet, que notre marine n'avait offert un tel développement; et ce n'était point sans un noble sentiment d'orgueil, que l'on assistait à cet immense déployement de la puissance française.

Séparées par un coup de vent, les trois divisions de la flotte se rallièrent à Palma (Majorque), et ne quittèrent ce point de relâche que le 10 juin. Deux jours après, à quatre heures du matin, les côtes d'Afrique étaient en vue; le 13, la flotte était mouillée dans la double rade que forme le promontoire de Sidi-Ferruch, à cinq lieues ouest d'Alger, et le 14, au point du jour, le débarquement commençait.

L'ennemi fit, dans cette circonstance, une faute grave qui le perdit et qui assura le succès de l'expédition : dans la persuasion de battre l'armée française et de s'emparer de tout ce qu'elle avait avec elle, il la laissa débarquer sans l'inquiéter; il désarma même quelques batteries de la côte et en ramena les pièces à son camp, placé sur le plateau de Staouëli, entre Alger et Sidi-Ferruch, à plus d'une demi-lieue de la mer.

Le 15, l'armée était entièrement débarquée; le camp de Sidi-Ferruch présentait alors l'aspect d'une ville; des magasins immenses s'élevaient de tous côtés; les distributions étaient régulières; l'eau se trouvait en abondance; le bois ne manquait pas pour les feux du bivouac, enfin l'état des troupes était satisfaisant et la chaleur supportable.

L'intention du général en chef était de ne se porter en avant que lorsque le camp retranché serait achevé et que le débarquement du matériel serait effectué. Il fallait aussi construire une route; déjà elle avait été poussée jusqu'à la position occupée par les généraux Berthezène et Loverdo, et l'on devait la continuer à mesure que l'armée s'avancerait vers Alger.

BATAILLE DE STAOUELI

L'ennemi cependant, qui chaque jour recevait des renforts, attribuait à la crainte l'inaction apparente de l'armée française. Plein de confiance, il se mit en mouvement le 19, à la pointe du jour, et vint attaquer les lignes françaises. Repoussé sur tous les points, malgré la vigueur de son attaque, il fut poursuivi jusqu'à son camp, qu'il abandonna et qui tomba au pouvoir des vainqueurs.

Les tentes des chefs étaient d'une magnificence remarquable, surtout celle d'Ibrahim, gendre de Hussein-Pacha, qui commandait l'armée avec le titre d'aga; elle avait plus de vingt mètres de long et était divisée en plusieurs appartements ornés de tapis et de riches tentures.

L'armée resta jusqu'au 24 sans être inquiétée, dans la position de Staouëli, d'où elle avait chassé l'ennemi; le général reçut même des Arabes quelques promesses de soumission, qui furent loin, il est vrai de se réaliser; car, malgré les pourparlers, une attaque générale eut lieu de nouveau le 24; mais les assaillants ne tinrent pas mieux que la première fois : ils se débandèrent et ne s'arrêtèrent qu'à deux lieues en avant d'Alger.

Ce fut dans ce combat, qui reçut le nom de Sidi-Kalef, que l'un des fils de M. de Bourmont fut blessé mortellement.

Les Algériens, après la défaite du 24, s'étaient retranchés dans une position avantageuse, où ils tinrent pendant quatre jours. Attaqués pendant la nuit du cinquième jour, ils furent culbutés, perdirent toute leur artillerie, et n'eurent que le temps de se réfugier sous les murs du château de l'Empereur, qui, commandant Alger, en défend aussi les approches, et sous ceux de la ville, dont le dey fit fermer les portes, pour forcer les fuyards à retourner au combat.

PRISE D'ALGER

Le même jour, l'armée française se porta devant Alger et commença l'investissement de la place. Dans la nuit, la tranchée fut ouverte devant le château de l'Empereur; cinq jours furent employés aux travaux de siége. Le 4 juillet, les batteries furent établies : le feu s'ouvrit à trois heures du matin; à dix heures, celui de l'ennemi se taisait, les murs du fort étaient presque démolis, et déjà l'on commençait à le battre en brèche, lorsqu'une épouvantable explosion, accompagnée d'un épais nuage de fumée et de poussière, et suivie d'une horrible pluie de cendres, de pierres, de débris humains, annonça qu'il n'existait plus. Les Turcs désespérant de pouvoir le défendre plus longtemps, l'avaient abandonné en mettant le feu aux poudres.

Les troupes françaises s'emparèrent immédiatement des ruines, s'y fortifièrent, et s'occupèrent de la construction de deux batteries destinées l'une et l'autre à battre la Kasbah.

Cependant la ville était pleine de trouble et de confusion; le peuple, craignant une prise d'assaut, demandait à grands cris une capitulation; Hussein-Pacha envoya donc un plénipotentiare pour offrir, avec le remboursement des frais de la guerre, des excuses qui n'étaient plus admissibles. Sur la réponse du général en chef, que la base de toute négociation devait être l'occupation immédiate de la ville par les Français, Hussein-Pacha, voyant son règne terminé, consentit à une capitulation qui livrait à l'armée française la Kasbah avec tous les autres forts dépendant d'Alger, et la ville elle-même, à la condition que la libre possession de ses richesses personnelles lui serait laissée, ainsi que la faculté de se retirer avec sa famille dans le lieu qu'il lui conviendrait de fixer hors du territoire de la régence.

Le 5 juillet, les Français prirent possession d'Alger. A leur entrée, la ville était loin d'offrir l'aspect triste et désolé d'une ville vaincue. Les boutiques étaient fermées, mais les marchands, assis devant leurs portes, semblaient attendre le moment de les ouvrir. On voyait çà et là quelques groupes de Maures et de Turcs, dont les regards distraits annonçaient plus d'indifférence que de crainte. Quelques musulmanes voilées se laissaient entrevoir à travers les étroites lucarnes de leurs habitations; les juives, plus hardies, garnissaient les terrasses de leurs demeures, sans paraître surprises du spectacle nouveau qui s'offrait à leurs yeux. Nos soldats, moins impassibles, jetaient partout des regards avides et curieux; et tout faisait naître leur étonnement dans une ville où leur présence semblait n'étonner personne.

La résignation aux décrets de la Providence, si profondément gravée dans l'esprit des musulmans, le sentiment de la puissance de la France, qui devait faire croire à sa générosité, étaient autant de causes qui appelaient la confiance; aussi ne tarda-t-elle point à s'établir.

La conquête d'Alger valut à la France 1,500 pièces d'artillerie avec des munitions pour les alimenter pendant trois ans, un trésor de 50 millions de francs et une quantité immense de marchandises.

Le maréchal de Bourmont, le lendemain de la victoire, adressa aux troupes cette proclamation :

« Soldats,

« La prise d'Alger était le but de la campagne; le

dévouement de l'armée a devancé l'époque où il semblait devoir être atteint. Vingt jours ont suffi pour la destruction de cet État, dont l'existence fatiguait l'Europe depuis tant de siècles. La reconnaissance de toutes les nations civilisées sera pour l'armée d'expédition le fruit le plus précieux de sa victoire. L'éclat qui doit en rejaillir sur le nom français aurait largement compensé les frais de la guerre ; mais ces frais mêmes seront payés par la conquête. Un trésor considérable existe dans la Kasbah ; une commission, composée de M. l'intendant en chef de l'armée, de M. le général Tholosé et de M. le payeur général, est chargée par le général en chef d'en faire l'inventaire ; dès aujourd'hui elle s'occupera de ce travail sans relâche, et bientôt le trésor conquis sur la régence ira enrichir le trésor français. »

Après la prise de la ville, l'armée se concentra à l'entour et éleva des retranchements pour se défendre contre les attaques des Arabes et des Kabyles dirigés par le bey de Titery.

Tout à coup la nouvelle de la révolution de Juillet et du départ de la famille royale arriva en Algérie.

Les Arabes s'imaginèrent que ces graves événements seraient suivis de la retraite de l'armée française. Un personnage puissant, Mustapha-bou-Mezray, qui était venu à Alger, trois jours après la prise de la ville, pour offrir sa soumission, leva l'étendard de la révolte, et fit courir le bruit qu'il allait bloquer les Français avec 200,000 hommes. M. de

Bourmont attendait pour agir les ordres du nouveau gouvernement de France. Le 2 septembre, le vaisseau *l'Algésiras* parut en vue d'Alger; le général Clausel arrivait, investi de la mission de commandant en en chef de l'armée d'Afrique; M. de Bourmont s'exila.

LE GÉNÉRAL CLAUSEL

Le général Clausel vint prendre le commandement en chef, en remplacement du maréchal Bourmont. Il tourna d'abord ses forces militaires contre Mustapha-bou-Mezray, bey de Titery, qui, derrière les montagnes de l'Atlas, prêchait la guerre sainte et la délivrance d'Alger, et qui, ayant sous ses ordres vingt et un outhans ou districts populeux, pouvait disposer de grandes ressources. Le général Clausel, avec une colone expéditionnaire, traversa la plaine de la Métidja sans résistance sérieuse; il occupa la ville de Blida, dont les habitants s'étaient réfugiés derrière les montagnes; puis il se dirigea sur Médéa, en franchissant le Mouzaia par le col de Ténia, position ardue vivement défendue par les Arabes, mais que les Français enlevèrent avec un grand élan. La ville de Médéa, alarmée, fit sa soumission sans coup férir, et la colonne expéditionnaire revint ensuite à Alger pour intimider l'empereur du Maroc qui cherchait à soulever les populations arabes de l'Algérie; le général Clausel envoya le général Damrémont en vue d'Oran pour s'emparer du fort de Mers-el-Kébir.

Au commencement de 1831, le général Clausel entama, de son initiative personnelle, des négociations avec le bey de Tunis, pour lui remettre l'administration des provinces d'Oran et de Constantine, moyennant un tribut annuel de 1,600,000 francs. Le gouvernement français, désapprouvant ces négociations, confia au général de Berthézène le commandement de l'Algérie, en remplacement du général Clausel.

LE GÉNÉRAL BERTHÉZÈNE ET SES SUCCESSEURS

Le commandement du général de Berthézène en Afrique est marqué par une expédition sur Médéa, pour reprendre cette ville qui avait été abandonnée par les Français. Cette expédition, qui ne réussit pas faute de troupes suffisantes et de vivres, aboutit à une retraite difficile, qui coûta à la France 55 morts et 200 blessés. Les villes d'Oran et de Bône se soumirent successivement. Après un commandement de dix mois, le général de Berthézène fut remplacé, à la fin de 1831, par le duc de Rovigo.

Une insurrection avait éclaté à Bône et avait coûté la vie à deux officiers français, le commandant Houder et le capitaine Bigot; cette ville était assiégée par les troupes du bey de Constantine. Le duc de Rovigo, ne pouvant tenter une expédition au milieu de l'hiver, envoya le capitaine d'Armandy pour engager les habitants à soutenir le siége ; mais comme il n'y avait aucun accord entre les habitants, Ben-Aïssa, qui commandait les troupes de Constantine, pénétra dans la ville, qui fut pillée et incendiée ; mais il ne tarda pas à l'évacuer à la suite d'une révolte des habitants, révolte dont profita le capitaine d'Armandy pour s'introduire dans la ville et y planter le pavillon français, à la tête seulement de 50 marins provenant de goëlette *la Béarnaise* qui se trouvait mouillée près de là.

Le duc de Rovigo fut remplacé dans son commandement, en mars 1833, par le général Avizard, auquel succéda peu après le général Voirol. C'est à cette époque que le général Trézel fut chargé d'une expédition par mer contre la ville de Bougie. Grâce à l'artillerie de l'escadre, qui fit taire en peu de temps les forts de la ville, le débarquement s'opéra heureusement, et la place fut enlevée en quelques heures, malgré une résistance énergique. Le général Trézel fut grièvement blessé dans l'attaque.

En 1834, le général Drouet d'Erlon succéda au général Voirol, avec le titre de gouverneur général des possessions françaises dans le nord de l'Afrique, qui fut substitué à celui de commandant en chef de l'armée d'Afrique. Le gouvernement du général Drouet d'Erlon est signalé par un seul fait important, le désastre de la Macta. Le général Trézel, qui commandait la province d'Oran, ayant voulu protéger les Douairs et les Sencélas, deux tribus amies, contre les tentatives et l'invasion de l'émir Abd-el-

Kader, éprouva sur les bords de la Macta un échec considérable, qui coûta à la France 150 morts, 400 blessés, 20 prisonniers et tout le matériel d'une expédition.

Au milieu de l'année 1835, le maréchal Clausel succéda au général Drouet d'Erlon. A cette époque, l'émir Abd-el-Kader avait étendu dans toute l'Algérie son influence et sa domination. Le maréchal Clausel tenta une expédition pour reprendre la ville de Maskara, dont il se rendit maître, et qu'il brûla pour n'avoir pas à la défendre. Abd-el-Kader prit sa revanche peu de temps après; il vint attaquer avec 7,000 Arabes un camp des Français, que commandait le général d'Arlanges, sur les bords de la Tafna, pour assurer les communications entre Tlemcen et la mer. Un combat fut engagé à deux lieues du camp; les Français, après de grands efforts, furent réduits à se replier derrière leurs retranchements, laissant plus de 300 morts sur le champ de bataille.

PREMIÈRE EXPÉDITION CONTRE CONSTANTINE

Le maréchal Clausel tenta, en novembre 1836, une expédition contre Constantine, qui était restée jusqu'alors sous la domination turque. Il partit de Bône avec une colonne de 7,000 hommes, sans être pourvu de moyens complets de transport et de provisions suffisantes de guerre. L'expédition soutint une marche de douze jours par un temps affreux et à travers un pays qui n'offrait aucune ressource, et parvint au plateau de Mansoura, à trois lieues de Constantine. La colonne expéditionnaire fut exposée, pendant toute une nuit, à une pluie battante mêlée de neige, et à un froid excessif que l'on a comparé au froid de la retraite de Moscou. Deux jours furent dépensés pour franchir une distance de trois lieues et atteindre les alentours de la ville. Le torrent Bou-Merzoug, dont le cours était gonflé par les pluies extraordinaires, fut traversé après des difficultés infinies. Le 62ᵉ régiment de ligne, qui escortait l'artillerie et les équipages, et qui fut obligé de rester sur place pendant plusieurs heures, perdit plus de 120 hommes par les pluies et le froid.

L'expédition était enfin parvenue en vue de Constantine ; cette ville, située sur un amphithéâtre, entourée de rochers escarpés et baignée par le Rummel, n'était abordable que par le plateau de Koudiat-Aty, qui conduit de plain-pied au mur d'enceinte, ou par le pont qui franchit l'abîme du Rummel, du côté de la porte d'El-Kantara. Une attaque par la porte d'El-Kantara fut tentée à la nuit tombante par le général Trézel, qui fut repoussé par le feu meurtrier des Arabes, avec de grandes pertes, et qui fut lui-même blessé dans le combat. Dans la nuit, le colonel Duvivier dirigea une autre attaque par le plateau de Koudiat-Aty ; mais il fut également maltraité par l'artillerie arabe, et obligé de battre en retraite, non sans avoir éprouvé des pertes.

Le maréchal Clausel fut obligé de renoncer à la prise de la ville. L'artillerie n'avait plus que trente livres de poudre, la colonne expéditionnaire était réduite à un état pitoyable, au milieu des rigueurs de l'hiver ; la retraite fut organisée ; tout le matériel qui pouvait embarrasser la marche fut détruit ; la moitié de la cavalerie mise à pied ; les blessés et les malades furent chargés sur les fourgons, sur les bêtes de somme et sur les chevaux rendus disponibles. Le colonel Duvivier, avec une poignée de braves, protégea le mouvement des troupes sur le plateau de Mansourae. Le commandant Changarnier, avec son bataillon du 2e léger, réduit à 300 hommes, soutint la retraite à l'arrière-garde avec un admirable sang-froid. Entouré par une nuée d'Arabes, il dit à ses soldats : « Camarades, ils sont 6,000, vous « êtes 300, la partie est égale. » Grâce à lui, l'arrière-garde ne fut pas entourée, et la colonne parvint à regagner les cantonnements de Bône. Peu de temps après ce désastre, le maréchal Clausel fut rappelé en France, et remplacé par le général Damrémont.

SECONDE EXPÉDITION CONTRE CONSTANTINE
MORT DU GÉNÉRAL DAMRÉMONT

En septembre 1837, le général Damrémont dirigea une seconde expédition contre Constantine ; après avoir construit une batterie de brèche sur le plateau de Koudiat-Aty, il fit proposer à la ville une capitulation, pour éviter les malheurs inséparables d'une prise d'assaut ; mais les Arabes, exaltés par leur ancienne victoire, refusèrent toute négociation, et déclarèrent qu'ils offraient aux Français du blé et de la poudre, s'ils en manquaient, et qu'ils mourraient jusqu'au dernier plutôt que de se rendre. « Ce sont des gens de cœur, s'écria le général Damrémont, il ne reste plus qu'à les vaincre. » Avant de commander l'assaut, il voulut observer lui-même de plus près l'état de la brèche, et se porta en avant de la batterie; parvenu à un point découvert, il mit pied à terre et fit quelques pas. Un officier général lui fit remarquer le péril auquel il s'exposait : « C'est égal, » répondit tranquillement le général Damrémont. A l'instant même il fut étendu roide mort par un boulet, le dernier tiré par les assiégés du haut des murs de la ville. Le général Valée, par droit d'ancienneté de grade, prit aussitôt le commandement en chef et ordonna l'assaut pour le lendemain.

ASSAUT DE CONSTANTINE. — COMBES. — LAMORICIÈRE

Le signal de l'assaut fut donné le 11 septembre à sept heures du matin. Le colonel de Lamoricière, à la tête des zouaves et des sapeurs du génie, sortit le premier des retranchements et franchit à la course la distance du pied de la brèche; en un instant, à travers les décombres, malgré les écroulements, la pente fut escaladée, et le drapeau tricolore fut planté au sommet; la colonne s'agitait dans l'espace de la brèche, sans distinguer la direction à prendre pour pénétrer dans l'intérieur de la ville, dont les rues étroites et brisées, encombrées d'ailleurs de ruines, ne présentaient point d'issue; et cependant les Arabes faisaient un feu meurtrier du haut des maisons, à l'abri des balles des Français; le colonel de Lamoricière fait apporter des échelles, et escaladant les maisons, il organise un combat sur les toits, en même temps que dans les rues. La colonne s'engage alors dans une ruelle étroite à travers les balles qui partent des deux rangées de maisons; elle massacre et disperse les Arabes. Les Français continuent à avancer et se trouvent en face d'une porte pratiquée dans une arche de maçonnerie; on frappe à coups de haches et de crosses de fusils cette porte, qui n'est fermée que par des étais mobiles, et l'on parvient à ouvrir un des battants; mais les Arabes, qui guettaient ce moment, massés en arrière, font un feu meurtrier. Près de là se passait une autre scène fatale. Un petit bâtiment en saillie, dont le pied avait été miné par les boulets, et qui resserrait à cet endroit la rue déjà étroite, s'écroula tout à coup, ensevelissant sous ses débris des soldats et des officiers du 2e léger. Le chef de bataillon Serigny fut pris sous les décombres jusqu'à la poitrine; il implora à cris étouffés, dans l'angoisse générale, des secours qu'on n'eut pas le temps de lui porter; il s'épuisa en efforts douloureux et inutiles pour s'arracher du milieu des décombres qui le brisaient, et où il rendit le dernier soupir, après une agonie cruelle.

En même temps éclatait un autre accident non moins terrible. Près de là se trouvait un magasin à poudre qui prit feu; aussitôt les sacs à poudre que les sapeurs du génie portaient sur leurs dos et les cartouchières des soldats furent en flammes. Un nuage de fumée épaisse et brûlante emplissait l'air; des pans de murailles s'écroulaient, des cris confus retentissaient de toutes parts, dans le désordre et le désespoir. Les Arabes, profitant de ce désastre, revinrent dans la rue qu'ils avaient abandonnée, lâchèrent plusieurs bordées de tromblons sur les groupes à demi brûlés et terrassés par l'explosion, et, après avoir cherché à briser ce qui pouvait encore essayer de se défendre, ils hachèrent à coups de yatagan jusqu'aux cadavres.

Cependant, à mesure que les troupes montant par la brèche disparaissaient dans les flancs de la ville, des troupes nouvelles suivaient leurs mouvements, et le combat s'engageait sur un théâtre plus vaste, sans que la résistance parût diminuée. Le colonel Combes avait pris le commandement à la place du colonel Lamoricière horriblement brûlé et presque aveugle; mais en s'élançant pour enlever une position fortement barricadée, il reçut en pleine poitrine deux balles mortelles; il eut encore la force de revenir auprès du général en chef pour lui rendre compte de la situation des affaires; et après avoir prononcé quelques paroles simples et calmes, il mourut avec une fermeté d'âme qui excita l'admiration et l'enthousiasme de ceux qui l'approchaient.

Après une lutte acharnée de plusieurs heures, le général Rulhière, envoyé pour prendre le commandement en chef des colonnes d'attaque et ayant pénétré dans la ville à la hauteur des tirailleurs les plus avancés, vit venir à lui un Maure qui agitait un papier. C'était un parlementaire adressé par les habitants de la ville pour demander que l'on arrêtât les hostilités. Le général Rulhière le fit conduire auprès du général Valée, qui ordonna de cesser le feu aussitôt et de prendre possession de la ville et de la Kasbah. En entrant dans la citadelle, on la trouva d'abord déserte; mais en pénétrant au travers des constructions, vers le bord des précipices qui l'entourent à l'extérieur, on aperçut les défenseurs de Constantine qui, refusant les bénéfices de la capitulation, s'enfuyaient par les ravins, tout en se retournant pour adresser leurs derniers coups de fusil aux Français qui se montraient à portée. Quand on fut parvenu tout à fait au-dessous de ces abîmes, on découvrit un affreux spectacle; un talus extrêmement rapide retombe du terre-plein de la Kasbah sur une muraille de rochers verticaux, dont la base repose sur un massif de pierres aiguës et tranchantes; au pied de cette muraille gisaient, brisés et sanglants, des corps d'hommes, de femmes et d'enfants, entassés les uns sur les autres. On distinguait des bras et des jambes qui s'agitaient, des agonisants qui frémissaient dans leurs dernières angoisses. Des cordes rompues, attachées aux pitons supérieurs des rochers, où on les voyait encore pendantes, expliquèrent cet affreux désastre. La population de Constantine, qui était restée dans une sécurité complète jusqu'au dernier moment, et qui avait été surprise tout à coup par les angoisses de la terreur et du désespoir, s'était précipitée vers la partie de la ville qui était à l'abri de l'attaque pour s'y frayer un chemin dans la campagne. Ces malheureux, dans leur vertige, s'étaient lancés à travers ces pentes funestes. Les premiers flots arrivant au bord de la cataracte, poussés par ceux qui suivaient, et ne pouvant plus les faire refluer ni les contenir, roulèrent dans l'abîme, et il se forma une avalanche humaine. Quand la presse eut été diminuée par la mort, ceux des fuyards qui avaient échappé à ce premier danger essayèrent de continuer leur route en se laissant glisser le long des cordes fixées aux rochers; mais bon nombre roulèrent encore au fond des précipices.

Deux heures après l'entière soumission de la ville, le général Valée vint occuper le palais du bey et donna des instructions rigoureuses pour assurer la sécurité des habitants et le respect des propriétés (1).

Le général Valée fut promu à la dignité de maréchal de France et nommé gouverneur de l'Algérie.

(1) Amédée Gréhan.

La prise de Constantine avait été un glorieux événement pour les armes françaises, et le second grand épisode des premières guerres d'Afrique. Il nous reste à raconter le troisième : nous voulons parler des luttes contre Abd-el-Kader et de la prise de l'émir.

ABD-EL-KADER

Abd-el-Kader (El-Hadji) (1) Oulid-Mahiddin appartient à une très-ancienne famille de marabouts, qui fait remonter son origine aux califes fatimites; il naquit à la *guetna* de Sidi-Mahiddin, aux environs de Maskara, sur le territoire des Hachems. Cette guetna était une sorte de séminaire où les marabouts, ses ancêtres, réunissaient les jeunes gens pour les instruire dans les lettres, la théologie et la jurisprudence. Abd-el-Kader fut aussi bien élevé qu'un Arabe peut l'être par son père, qui trouva en lui une nature intelligente et vigoureuse. Encore fort jeune, aucun passage du Coran ne l'embarrassait, et ses explications devançaient celles des plus habiles commentateurs; il se livra aussi avec zèle à l'étude de l'éloquence et de l'histoire : aussi est-il l'homme le plus disert de sa nation, avantage immense chez les Arabes, et connaît-il parfaitement l'histoire de son pays et les points que la nôtre a de commun avec

---

(1) Nom qu'on donne aux musulmans qui ont fait le pèlerinage de la Mecque.

elle. Il ne négligea pas non plus les exercices du corps, dans lesquels il excelle; il passait généralement pour le meilleur cavalier de la Barbarie.

Abd-el-Kader est d'une grande bravoure; cependant son esprit semble plus organisateur que militaire.

Le père d'Abd-el-Kader, le vieux Mahiddin, était très-vénéré des Arabes. Les tribus qui avoisinent Maskara voulurent, en 1832, le reconnaître comme chef suprême; mais, prétextant son grand âge, il refusa cet honneur et offrit à sa place son jeune fils, qui fut agréé, bien qu'il eût à peine vingt-cinq ans. Peu de temps après, la ville de Maskara, qui, depuis l'expulsion des Turcs, se gouvernait en république, reconnut pour émir Abd-el-Kader; il eut dès lors un avantage marqué sur ses rivaux.

Au mois de mai de la même année, quelques milliers d'Arabes, conduits par le vieux Mahiddin et son fils, vinrent attaquer Oran. Bien que cette attaque n'eût pas de succès, Abd-el-Kader s'y fit remarquer par un sang-froid qui augmenta encore la confiance des siens.

TRAITÉ DE LA TAFNA

Par degrés, Abd-el-Kader s'était créé un pouvoir formidable, comme nous l'avons dit, dans l'Algérie orientale. Après des alternatives de succès et de revers, le général Bugeaud avait été envoyé contre lui, à Oran, avec une autorité distincte de celle du général Damrémont. M. Bugeaud était autorisé, s'il le jugeait nécessaire, à entrer en négociations avec l'émir. Conformément à ses instructions, le général conclut donc le traité de la Tafna, dont voici les principaux articles :

« Art. 1ᵉʳ. L'émir Abd-el-Kader reconnaît la souveraineté de la France en Afrique (l'émir refusa avec obstination la clause du tribut, qui seule établissait son vasselage).

« Art. 2. La France se réserve : dans la province d'Oran, Mostaganem, Mazagran et leurs territoires; Oran, Arzew, plus un territoire délimité, à l'est par la Macta et le marais d'où elle sort, au sud par une ligne partant de ce marais, passant par le bord sud du lac Sebea et se prolongeant jusqu'au rio Salado (oued el-Malekh), dans la direction de Sidi-Saïd, et de cette rivière à la mer, de manière à ce que tout le terrain compris dans ce périmètre soit territoire français.

« Dans la province d'Alger : Alger, le Sahel, la Mitidja, bornée à l'est jusqu'à l'oued Kaddara; et au delà : au sud la première arête de la première chaîne du petit Atlas jusqu'à la Chiffa (affluent du Mazafran), en y comprenant Blida et son territoire; à l'ouest par la Chiffa jusqu'au coude du Mazafran, et de là par une ligne droite jusqu'à la mer, renfermant Kolea et son territoire, de manière que tout le terrain compris dans ce périmètre soit territoire français.

« Art. 3. L'émir administrera la province d'Oran, celle de Titery qui n'est pas comprise à l'ouest dans la limite indiquée par l'article 2. Il ne pourra pénétrer dans aucune autre partie de la régence.

. . . .

« Art. 9. La France cède à l'émir : Rachgoun, Tlemcen, le Méchouar et les canons qui étaient anciennement dans cette citadelle, etc., etc. »

Abd-el-Kader sembla se tenir satisfait, pendant quelque temps, des magnifiques concessions qui lui avaient été accordées. Toutefois, en 1838, il refusa de signer une convention supplémentaire au traité de la Tafna, rédigée dans le but d'aplanir certains différends que l'interprétation de ce dernier acte avait soulevés. Dès lors on put prévoir que la guerre ne tarderait pas à se rallumer.

LES PORTES DE FER

Au mois de septembre 1838 eut lieu l'expédition du Biban, ou des *Portes de fer*; elle avait pour but de reconnaître toute la partie de la province de Constantine qui s'étend de cette capitale au Biban et du Biban au oued Kaddara, en passant par le fort de Hamza. Le corps expéditionnaire, partagé en deux divisions, commandées l'une par le duc d'Orléans, l'autre par le général Galbois, et toutes deux sous les ordres du maréchal Valée, s'étant rassemblé à Mila, en partit le 18, se dirigeant par Djémila sur Sétif.

Après avoir dépassé cette dernière place, les deux divisions se séparèrent. La première, sous les ordres du général Galbois, resta dans la province de Constantine; la seconde, de 3,000 hommes, commandée par le gouverneur et le prince royal sous ses ordres, se porta vers le Biban. Le 28, à midi, commença le passage de ces redoutables roches que les Turcs n'avaient jamais franchies qu'en payant tribut, et où n'étaient jamais parvenues les légions romaines (1). Après avoir laissé sur les flancs de ces immenses murailles, la simple inscription : *Armée française, 1839*, la colonne déboucha dans la vallée de Hamza et prit sa marche, sans être sérieusement inquiétée, vers Alger, où elle arriva le 2 novembre, après avoir fait la veille sa jonction avec les troupes qui l'attendaient au camp de Fondouk.

Abd-el-Kader, saisissant le prétexte que lui offrait cette expédition, prétendit que son territoire avait été violé et proclama la guerre sainte. Il marcha contre les Français avec des contingents formidables et menaça un moment le salut de notre colonie.

Mais bientôt de nouveaux renforts arrivèrent de France. Nos troupes reprirent l'offensive, et, encouragées par la présence des princes d'Orléans, s'illustrèrent par de nombreux faits d'armes.

Les bornes de cette notice nous interdisant des détails circonstanciés sur cette période critique de

---

(1) Il est presque inutile de faire observer que nos soldats ont pénétré depuis à cent lieues au sud des Portes de fer.

l'histoire algérienne, nous nous contenterons à regret d'esquisser rapidement les péripéties de la lutte contre Abd-el-Kader.

LE MARÉCHAL BUGEAUD

Le maréchal Bugeaud remplaça, en 1841, le maréchal Valée et inaugura une nouvelle tactique. Exécuter de nombreuses razzias sur les alliés d'Abd-el-Kader, détacher peu à peu les diverses souches arabes de la cause du fameux marabout, attaquer vigoureusement celui-ci sur tous les points où il concentrait ses forces, telle fut la tactique du maréchal Bugeaud, et la suite prouva l'excellence de ce système.

L'année 1843, après avoir commencé pour nous sous de fâcheux auspices, vit Abd-el-Kader forcé de se réfugier dans les montagnes ; tout à coup, un brillant fait d'armes préluda à nos succès définitifs. Nous voulons parler de la prise de la Smalah.

PRISE DE LA SMALAH

La Smalah était une population nomade, composée de la famille de l'émir et de celles des principaux personnages attachés à sa fortune ; cette réunion renfermait de 12 ou 15,000 personnes ; la garde en était confiée aux troupes régulières de l'émir. Chargé par le général en chef de s'en emparer, le duc d'Aumale se dirigea vers Ouessek-ou-Kekaï, où elle campait. Il la trouva à Taguin (16 mai), et aussitôt il se précipita sur cette ville de tentes avec 500 cavaliers, à la tête desquels étaient le colonel des spahis Joussouf et le lieutenant-colonel Morris. Au bout de deux heures, tout ce qui pouvait fuir était en fuite, chassant les troupeaux vers les déserts, et 3,600 prisonniers restaient en notre pouvoir, ainsi que les tentes d'Abd-el-Kader, sa correspondance, son trésor, 4 drapeaux, 1 canon, 2 affûts et un grand nombre d'objets précieux. Le général Lamoricière coupa le chemin aux fuyards et fit encore des prisonniers nombreux et un butin considérable. Un dernier engagement avec les débris de la Smalah eut lieu le 22 juin, et l'avantage fut encore pour nous.

GUERRE CONTRE LE MAROC

Enfin Abd-el-Kader, vivement pressé par les troupes françaises, se vit contraint de se jeter dans le Maroc. Il réussit à fanatiser de nouvelles tribus et fit quelques incursions sur le territoire algérien.

Fidèle à son système de poursuite énergique, le maréchal Bugeaud, après avoir sommé l'empereur Abd-ul-Rhaman d'accorder satisfaction à la France et de mettre un terme aux entreprises d'Abd-el-Kader, entra sur le territoire marocain et s'avança hardiment au cœur du pays ennemi. Abd-ul-Rhaman, vaincu à la bataille d'Isly et inquiété du côté de la mer par le bombardement de Tanger et la prise de Mogador, se vit bientôt forcé d'entrer en arrangement avec la France. Il promit de châtier les chefs qui avaient embrassé la cause d'Abd-el-Kader et de mettre celui-ci hors d'état de nuire, en s'emparant de sa personne.

INCURSIONS D'ABD-EL-KADER. — LES OULED-RIAH

Irrité de se voir poursuivi par un allié auprès duquel il avait cru trouver un inébranlable refuge, Abd-el-Kader tourna ses armes contre Abd-ul-Rhaman : on accusa même l'émir d'aspirer au trône du Maroc. Abd-el-Kader remporta quelques succès sur son nouvel antagoniste, et avec une infatigable activité il parvint, tout en luttant contre son ancien allié, à inquiéter la France dans sa possession algérienne. Pendant deux années, l'émir poursuivit cette double tâche avec des alternatives de victoire et de défaite, mais avec un incontestable talent.

Malgré la loi que nous nous sommes imposée dans cette notice, de glisser sur les événements secondaires de la campagne d'Afrique, nous ne saurions passer sous silence l'expédition du colonel Pélissier contre les Ouled-Riah et l'énergique mesure à laquelle il dut avoir recours pour mettre fin à la résistance obstinée de cette peuplade.

Ce fait a servi de thème commode aux adversaires de l'armée pour jeter de l'odieux sur l'uniforme français, et aujourd'hui encore on peut entendre quelquefois répéter certains lieux-communs qui deviennent une calomnie pour la mémoire d'un grand homme de guerre dont les qualités privées n'étaient pas moins estimables que les dons plus brillants de hardi général et d'excellent administrateur. Pour que notre justification de sa conduite dans l'affaire des grottes du Dahra ne puisse être entachée de partialité, nous extrayons un passage très-remarquable du livre de M. Nettement sur l'*Histoire de la conquête d'Alger* :

« L'histoire, qui juge à distance, doit restituer à ce fait son véritable caractère. Le colonel Pélissier avait deux genres de responsabilité : responsabilité envers son général en chef, car, dans la guerre d'Algérie, les opérations des colonnes étaient combinées, et le ralentissement de la marche d'une colonne pouvait compromettre toute une expédition ; responsabilité envers les troupes qui lui étaient confiées ; or il y aurait eu compromission pour ces troupes à laisser derrière elle des ennemis énergiques et exaltés jusqu'au fanatisme. Il ne pouvait donc ni s'arrêter et attendre, ni laisser derrière lui les Ouled-Riah. Enfin il ne pouvait les attaquer avec les moyens ordinaires, car il exposait ses troupes à une catastrophe imminente en les lançant dans des grottes dont elles ne connaissaient ni les détours ni les issues.

« D'après la loi terrible qui régit cette terrible chose qu'on appelle la guerre, on a le droit de faire à l'ennemi le mal nécessaire. Le fait des grottes des Ouled-Riah fut l'application de cette loi. Le colonel Pélissier, après avoir sommé les Ouled-Riah, qui prolongeaient au delà des limites posées par les lois de la guerre une résistance inutile et funeste aux siens, employa le seul moyen qui pût vaincre cette résistance. Il renouvela encore inutilement la sommation pendant que ses ordres étaient en voie d'exécution. Les Ouled-Riah, au lieu de se rendre, ouvrirent une issue à la fumée en pratiquant une ouverture dans la grotte et amenèrent ainsi la catastrophe. Le courant d'air qui s'établit poussa l'incendie dans les grottes et ceux qui y avaient cherché un refuge y périrent consumés. L'humanité en gémit, mais comme elle gémit de la guerre et de tous les malheurs qu'elle entraîne à sa suite. Le colonel Pélissier se trouva dans une circonstance exceptionnelle, et il agit sous le coup d'une impérieuse nécessité ; toute sa carrière militaire, remarquable par la prévoyance dans le commandement et une politique éclairée vis-à-vis des Arabes, sert de commentaire à cet acte unique. »

SOUMISSION D'ABD-EL-KADER

Enfin l'heure sonna où Abd-el-Kader fut obligé de céder à l'ascendant français. Chassé du Maroc par une force supérieure guidée par l'empereur, Abd-el-Kader se jeta sur le territoire algérien et tenta de gagner le Sahara. Mais, enveloppé par notre cavalerie, il fut contraint de se rendre au duc d'Aumale, en stipulant certaines conditions que le gouvernement de Louis-Philippe jugea prudent de ne pas ratifier, pensant qu'une sûreté additionnelle peut s'acheter aux dépens de l'honneur (décembre 1847).

Abd-el-Kader fut successivement détenu au château de Pau et au château d'Amboise.

L'ALGÉRIE SOUS LA RÉPUBLIQUE. — SIÉGE DE ZAATCHA
LAGHOUAT

Le gouvernement de 1848 fit peu de choses pour l'Algérie. Trois gouverneurs généraux se succédèrent en moins d'une année, et le seul événement remarquable qu'on ait à enregistrer est la soumission d'Achmet, ancien bey de Constantine, qui, retiré sur les frontières tunisiennes, n'avait cessé de nous inquiéter (5 juin 1848).

L'élection du 10 décembre fut accueillie avec une joie unanime par les colons algériens, qui voyaient dans ce fait le rétablissement de l'ordre, et par les Arabes, sur lesquels le nom de Napoléon avait conservé un immense prestige.

L'année 1849 fut marqué par le siége de Zaatcha, soutenu par les Arabes avec un incroyable acharnement, et dont l'héroïque valeur du colonel Canrobert décida le succès.

Cette notice touche à sa fin; les faits d'armes qui se sont passés en Algérie depuis quelques années sont trop présents à toutes les mémoires pour que nous les rappelions autrement que par quelques mots. Mentionnons toutefois, avant de clore ce paragraphe, la prise de Laghouat par le général Pélissier (4 décembre 1852).

PROCLAMATION DE L'EMPIRE. — MISE EN LIBERTÉ D'ABD-EL-KADER. — EXPÉDITIONS DE KABYLIE. — PREMIER VOYAGE DE L'EMPEREUR EN ALGÉRIE.

Le Prince-président, avant de monter sur le trône où l'appelaient les vœux de la France et l'Algérie, voulut accomplir un grand acte de justice. Il mit en liberté Abd-el-Kader et lui permit de se retirer en Asie Mineure. L'émir paya noblement sa dette de gratitude envers la France par sa conduite courageuse lors des troubles de Syrie.

La soumission de la Kabylie, vainement tentée

sous le règne de Louis-Philippe, est l'événement le plus considérable des dernières guerres d'Afrique. Le général Randon, gouverneur général depuis 1851, poursuivit cette tâche avec une persistance, une habileté et une vigueur sans pareilles. Un succès complet couronna ses efforts (1857).

Au mois de septembre 1860, l'Empereur, désireux de se rendre compte sur le terrain même de l'état de la colonie, partit pour Alger, où il fut accueilli avec enthousiasme, ainsi que l'Impératrice, qui accompagnait Sa Majesté. D'importantes mesures suivirent ce voyage, et la population arabe comprit que son sort allait changer. Toutefois le séjour de l'Empereur, limité pour d'importantes raisons, n'avait pas laissé au souverain le temps d'étudier suffisamment la question coloniale ; aussi Sa Majesté se réservat-elle de retourner plus tard en Algérie. L'auguste promesse vient de recevoir son accomplissement.

Toutefois si dans la pensée de Napoléon III il reste beaucoup à faire pour notre colonie africaine, il serait injuste de ne pas tenir compte des résultats obtenus sous le régime impérial.

Le gouvernement de Napoléon III ne s'est pas contenté d'asseoir solidement notre conquête algérienne. Il s'est efforcé aussi de développer sa vitalité en répandant la civilisation, en favorisant l'agriculture et l'industrie. De l'année 1852 date une phase nouvelle pour la colonie. Mais nous devons réserver nos appréciations pour le courant du volume : il ne nous reste donc qu'à terminer cette notice en offrant un tribut de regrets à la mémoire du maréchal Pélissier, duc de Malakoff, qui seconda avec tant d'ardeur et d'intelligence les vues de Sa Majesté sur l'Algérie et qui termina récemment ses jours dans la colonie où il s'illustra à tant de titres et qu'il aimait d'une affection paternelle.

LE VOYAGE

DE

S. M. L'EMPEREUR NAPOLÉON III

EN ALGÉRIE

INTRODUCTION

« Je reviendrai, » dit Napoléon III au moment de quitter le sol de l'Algérie, qu'il venait de visiter une première fois. Pendant ce voyage, fait en compagnie de l'Impératrice, et qui avait été l'occasion d'imposantes solennités, l'Empereur avait pu se convaincre par lui-même et du prestige qu'exerçaient sur les Arabes son nom, sa présence, et de la possibilité de réaliser dans un avenir prochain la fusion des intérêts français avec les intérêts indigènes.

D'importantes réformes suivirent cette première excursion. Un avenir nouveau s'ouvrait pour l'Algérie. Les vagues ébranlements qui se succédèrent sur les divers points de nos possessions africaines ne purent que confirmer cette haute vérité : l'assimilation de la race conquise et de la race conquérante commence à s'accomplir. Les indociles s'agitaient, parce qu'avant peu toute cause de rébellion allait être supprimée. Les ambitieux relevaient un étendard menteur, parce que bientôt la nation arabe, éclairée par une auguste sollicitude, allait comprendre sa mission définitive et reconnaître les avantages d'une sincère alliance avec ses vainqueurs. Le dernier soulèvement est moins une menace qu'un symptôme de crise finale; le suprême coup de tonnerre n'accompagne-t-il pas l'apparition de l'arc-en-ciel?

« Je reviendrai, » avait dit Napoléon III ; cette promesse vient d'être remplie. L'Empereur a traversé de nouveau la mer, pour finir la grande œuvre entreprise et consolider de sa main césarienne la conquête de trente-cinq années. L'étonnement et l'admiration de l'Europe, les applaudissements attendris de la France, l'enthousiasme pénétré d'espoir de la population arabe, nous prouvent que Napoléon III, guidé par le génie prophétique de sa race, a su choisir son heure, que la destinée de l'Algérie est réglée désormais et qu'une ère de prospérité commence pour nos possessions africaines.

A celui qui a retenu la France sur la pente fatale où elle roulait; à celui qui, non content de l'arrêter sur le bord de l'abîme, l'a replacée au premier rang des nations et l'a rendue aussi riche qu'elle était glorieuse, il appartenait de tracer d'une main ferme la route à suivre pour dompter l'entêtement traditionnel de la race sémitique et lui dévoiler avec une lucidité irrésistible l'avenir de bonheur que lui assure une franche et entière soumission. Un tel rôle d'ailleurs est un apanage napoléonien. Le successeur légitime de celui qui poursuivait en Égypte une mission civilisatrice, et se faisait révérer sous le nom de *Sultan du feu*, n'est-il pas appelé par un destin héréditaire à faire pénétrer chez les peuplades musulmanes les grandes, les nobles idées de la France impériale?

Mais un langage plus éloquent que le nôtre va exposer la mission de cette France impériale. Le discours prononcé le 19 septembre 1860 par Napoléon III forme la véritable préface de notre récit, car les épisodes du règne actuel n'attendent pas l'art de l'historien pour former un tout harmonieux. C'est le propre d'un grand génie d'introduire une magnifique unité dans tout ce qu'il entreprend :

« .... Le Dieu des armées n'envoie aux peuples
« le fléau de la guerre que comme châtiment ou
« comme rédemption. Dans nos mains la conquête
« ne peut être qu'une rédemption, et notre premier
« devoir est de nous occuper du bonheur des trois
« millions d'Arabes que le sort des armes a fait
« passer sous notre domination.

« La Providence nous a appelés à répandre sur
« cette terre les bienfaits de la civilisation. Or qu'est-
« ce que la civilisation ? C'est de compter le bien-
« être pour quelque chose, la vie de l'homme pour
« beaucoup, son perfectionnement moral pour le
« plus grand bien. Ainsi élever les Arabes à la di-
« gnité d'hommes libres, répandre sur eux l'instruc-
« tion tout en respectant leur religion, améliorer
« leur existence en faisant sortir de cette terre tous
« les trésors que la Providence y a enfouis et qu'un
« mauvais gouvernement laisserait stériles, telle
« est notre mission : nous n'y faillirons pas.

« Quant à ces hardis colons qui sont venus en
« Algérie implanter le drapeau de la France et avec
« lui tous les arts d'un peuple civilisé, ai-je besoin
« de dire que la protection de la métropole ne leur
« manquera jamais? Les institutions que je leur ai
« données leur font déjà retrouver ici leur patrie
« tout entière ; et en persévérant dans cette voie,
« nous devons espérer que leur exemple sera suivi
« et que de nouvelles populations viendront se fixer
« sur ce sol à jamais français.

« La paix européenne permettra à la France de
« se montrer plus généreuse encore envers les colo-
« nies ; et si j'ai traversé la mer pour rester quel-
« ques instants parmi vous, c'est pour y laisser

« comme traces de mon passage la confiance dans
« l'avenir et une foi entière dans les destinées de la
« France, dont les efforts pour le bien de l'humanité
« sont toujours bénis par la Providence. »

. . . .

Ce programme si clair, si pratique et en même temps si élevé; ce programme si éminemment napoléonien, c'est-à-dire français, renferme la plus éloquente réponse qui puisse être adressée aux publicistes ennemis de la colonisation algérienne, aux écrivains amoureux du paradoxe, qui ne rougissent pas de conseiller l'abandon d'une de nos plus belles conquêtes. Non, la France ne peut replonger dans la barbarie une des plus belles contrées de l'univers, en laissant trois millions d'Arabes divisés par des haines héréditaires, se détruire les uns les autres par le fer et par la flamme. Non, elle ne peut laisser la piraterie, le vol organisé, les cruelles représailles renaître à la place de l'ordre admirable qu'il nous a coûté tant de sang pour établir. Les solennelles paroles de Napoléon III écrasent la pauvre argumentation des sophistes, et quelles que soient les mesures adoptées par l'Empereur pour régler définitivement l'organisation de l'Algérie, soyons assurés d'avance que ces mesures seront les seules en accord avec la sagesse politique, les seules que le sentiment de l'honneur national puisse admettre et puisse applaudir.

PREMIÈRE PARTIE

ALGER

LE DÉPART

Le 29 avril, l'Empereur partit de Paris à huit heures et demie du matin. Sa Majesté emmenait avec Elle, dans son voyage, le général Fleury, sénateur, son premier écuyer; le général Castelnau, le colonel comte Reille, ses aides de camp; le capitaine de Ligneville et le comte d'Espeuilles, ses officiers d'ordonnance; M. P. Piétri, son secrétaire particulier, et M. le baron Corvisart, son médecin ordinaire.

Le départ se fit sans apparat; aucune escorte n'avait été commandée. Le voyage commençait avec la simplicité qui devait en marquer toutes les phases, et cette absence de solennité ne rendait que plus éclatantes et plus chaleureuses les démonstrations de la foule accourue, malgré l'heure matinale, pour acclamer l'Empereur.

Arrivé à la gare du chemin de fer de Lyon, Sa Majesté se sépara du Prince impérial. L'Impératrice accompagna son auguste époux jusqu'à Fontainebleau.

Le même jour, le Sénat reçut communication des lettres patentes de l'Empereur conférant le titre de Régente à l'Impératrice pendant la durée du voyage de Sa Majesté en Algérie.

ARRIVÉE A LYON

On sait avec quelle reconnaissance les Lyonnais avaient accueilli les généreuses promesses de Napoléon III, leur garantissant l'affranchissement des ponts de la Saône et la démolition du mur d'enceinte de la Croix-Rousse. Le passage du souverain dans la seconde ville de France offrait aux habitants l'occasion ardemment souhaitée de témoigner d'une manière éclatante l'enthousiasme que leur inspirait cet auguste bienfait.

L'Empereur arriva à Lyon vers six heures du soir. Sa Majesté fut reçue à la gare par S. Exc. le maréchal Canrobert et M. Henri Chevreau, sénateur, préfet du Rhône.

Les alentours de la gare de Vaise présentaient le spectacle le plus émouvant et le plus animé. Une foule immense y stationnait depuis plusieurs heures, désireuse d'accueillir l'Empereur, dès les premiers instants de son séjour, par une ovation brillante qui devait finir seulement à son départ. Quand le train arriva, il y eut un immense mouvement vers le débarcadère; chacun voulait être le premier à contempler Napoléon III.

L'Empereur monta en voiture; le maréchal Canrobert, le préfet du Rhône et le général Fleury prirent place à ses côtés. Un tonnerre d'acclamations retentit. L'équipage impérial, littéralement perdu au milieu de la foule, se mit en marche avec quelque difficulté et ne cessa de parcourir lentement un véritable océan humain. L'Empereur n'est entouré d'aucune escorte; nulle part on ne voit un seul soldat sous les armes, et la noble confiance du souverain redouble encore l'enthousiasme déjà si grand de la population ouvrière.

La ville présente un coup d'œil caractéristique; toutes les fenêtres sont pavoisées du drapeau tricolore qui, par ses éclatantes couleurs, se prête si merveilleusement à la décoration. Il n'est pauvre lucarne où ne flotte l'emblème national; bien plus, si l'on aperçoit à de rares intervalles une fenêtre dépourvue d'ornements improvisés, on peut être sûr que ce n'est point le logis de l'ouvrier.

L'émotion de l'Empereur fut vive en présence de ce chaleureux accueil. Un souverain a des soucis inconnus aux autres hommes; mais aussi quel remercîment que celui proféré par deux cent mille voix sincèrement reconnaissantes !

Sur la place de la Pyramide, Sa Majesté passa sous un arc de triomphe élevé par les habitants du faubourg de Vaise ; puis le cortége se dirigea vers la ville en suivant la rive droite de la Saône.

A l'entrée du pont de Serin, les acclamations se renouvelèrent plus éclatantes. Sur le fronton de la barrière du péage se lisait cette phrase extraite de la lettre impériale : « Ayant supprimé les péages « du Rhône, il est juste d'appliquer la même libé- « ralité à la Saône. »

Dès que la voiture eut passé la barrière, on hissa une banderole portant ces mots : *Pont affranchi*, et le peuple lyonnais prit possession de ses nouveaux droits.

La voiture de l'Empereur s'arrêta ensuite pour permettre à Sa Majesté de recevoir une pétition des habitants de Vaise, demandant l'élargissement du bas port, pétition qui fut accueillie de la manière la plus gracieuse.

Pendant le trajet le long des quais, la Société des orphéonistes, montée sur une flottille d'omnibus fluviaux, ne cessa de faire entendre un concert harmonieux et plein d'originalité.

L'encombrement s'augmenta encore dans la rue d'Algérie et sur la place des Terreaux ; enfin la voiture impériale put gagner l'hôtel de ville, où madame Henri Chevreau attendait Sa Majesté.

Un grand dîner fut offert à l'Empereur à l'hôtel de ville ; pendant le repas les orphéonistes exécutèrent un hymne inédit de MM. Chevalier-Tivet et Émile Guinet. Une foule épaisse ne cessait de stationner sur la place des Terreaux, attendant que Sa Majesté se montrât au balcon. Après le dîner, en effet, l'Empereur parut à la fenêtre et remercia la population lyonnaise de son accueil.

Pendant la soirée, les illuminations furent splendides. L'air lui-même semblait pavoisé, car au-dessus de la ville planaient d'immenses et lourdes vapeurs rouges, lueurs et fumée tout ensemble.

Un concert au bénéfice des ouvriers sans travail avait lieu au Grand-Théâtre. M. Félicien David dirigeait cette fête musicale. L'Empereur s'y rendit à neuf heures et demie. Il était à pied et paraissait touché au plus haut point des manifestations d'enthousiasme qui éclataient partout sur son passage. Malgré les fatigues d'une journée passée en wagon, Sa Majesté ne se retira qu'à dix heures et demie.

VISITE A LA CROIX-ROUSSE

Le lendemain 30 avril, l'Empereur se dirigea vers l'hôpital de la Croix-Rousse, destiné aux malades de la classe ouvrière. Malgré l'heure matinale, l'affluence était plus grande encore que la veille, car toute la population rurale des environs s'était empressée d'accourir pour joindre ses vivats aux témoignages de gratitude des habitants de la ville et des faubourgs.

Pendant que Sa Majesté visitait l'hôpital, la foule

s'amassait sur la place de la Croix-Rousse, où s'élevait un arc de triomphe portant cette inscription tirée également de la lettre impériale : « Je désire remplacer le mur d'enceinte, œuvre de défiance d'une autre époque, par un vaste boulevard planté, témoignage durable de ma confiance dans le bon sens et dans le patriotisme de la population lyonnaise. »

On ne saurait décrire l'enthousiasme des ouvriers, lorsque l'Empereur franchit la brèche pratiquée au milieu des fortifications démantelées sur toute la longueur du *Cours-des-Tapis*. Les femmes, les enfants mêlaient leurs vivats aux acclamations des ouvriers, et ce fut au milieu de cette ovation toujours grandissante que Sa Majesté se rendit à la gare de Perrache. Ajoutons que dans les rues Impériale, Bourbon et sur la place Bellecour, richement pavoisées, une foule élégante et sympathique joignit ses démonstrations à celles de la classe populaire.

RENCONTRE AVEC LA FAMILLE IMPÉRIALE DE RUSSIE

A la gare du chemin de fer, l'Empereur rencontra le czar et la famille impériale de Russie qui venaient d'être si cruellement éprouvés par la mort du grand-duc héritier. L'entrevue fut touchante, mais les minutes étaient comptées et après quelques paroles profondément senties, Sa Majesté dut se séparer des augustes affligés. A onze heures du matin, le train partait pour Marseille.

ARRIVÉE A MARSEILLE

Le 30 avril, à six heures du soir, le canon annonçait aux habitants de Marseille l'arrivée de l'Empereur.

Sa Majesté fut reçue au débarcadère par M. de Maupas, sénateur, qui lui présenta Mgr Chalandon, archevêque d'Aix, M. le général de division d'Aurelle de Paladines, M. le premier président Rigaud, ainsi que les autorités de la ville.

M. l'amiral Courton de Chabannes, préfet maritime de Toulon, s'était également empressé de se rendre au-devant de l'Empereur.

La population presque entière s'était massée longtemps à l'avance aux environs de la gare, sur le boulevard du Nord et sur le boulevard Dugommier. Comme à Lyon, l'arrivée de Napoléon III fut le signal d'une tumultueuse explosion d'enthousiasme. La voiture impériale était assiégée par une foule en délire et qui grossissait sans cesse. En débouchant sur la Cannebière, Sa Majesté fut témoin du plus rare et du plus beau spectacle. « L'immense espace qui descend des allées jusqu'au port, dit *le Courrier de Marseille*, formait un amphithéâtre mouvant de plus de trois cent mille personnes, pressées comme des épis de blés. Les cafés, les cercles, les magasins, les fenêtres et les balcons innombrables de la rue Noailles et de la Cannebière fourmillaient de têtes charmantes, parées des plus riantes couleurs de la saison. Les mouchoirs brodés s'agitaient au milieu des drapeaux, des oriflammes et des banderoles; les bouquets pleuvaient, et trois cent mille voix jetaient au milieu de ce glorieux tumulte le cri mille et mille fois répété de : *Vive l'Empereur !* »

L'enthousiasme des Lyonnais avait été bruyant, immense; mais la fougue des Marseillais donna une physionomie encore plus émouvante à la réception de Sa Majesté. Le sentiment du pittoresque, de la pompe théâtrale, inné chez les Méridionaux, se révélait de toutes parts, et jamais il n'avait trouvé un plus noble et plus juste emploi que dans cette circonstance.

La jeunesse du lycée attendait l'Empereur, rangée sur le balcon de la Bourse. Quand parut le cortége, les élèves le saluèrent par le cri retentissant de : *Vive le prince impérial !*

Un groupe d'ouvriers vint offrir à l'Empereur un énorme rameau d'or et reçut de Sa Majesté le plus gracieux remercîment.

EMBARQUEMENT. — REVUE DE L'ESCADRE CUIRASSÉE

Un pavillon magnifique attendait Napoléon III à l'entrée du port. L'Empereur mit pied à terre et monta sur le yacht qui l'attendait. Il s'avança sur la dunette de *l'Aigle* et salua encore une fois l'immense foule qui se pressait aux environs.

« Une heure après, les illuminations éclataient de toutes parts. Le jardin de la Bourse, éclairé dans le goût vénitien, offrait le plus poétique aspect. La préfecture, l'hôtel de la division, l'hôtel de ville, les cercles, les principaux cafés et une foule de maisons privées étincelaient de feux. La rue Impériale était du plus brillant effet. D'immenses cordons de lumières y serpentaient autour des saillies, des corniches, des chapiteaux et des balustres comme des torsades d'or. L'école des mousses, *les Deux-Eulalie, le Daim, la Marie-Madeleine* ruisselaient de lumières. Mais le plus remarqué était *le Nil*, des Messageries impériales, en sentinelle dans le lointain, à l'entrée de la mer, et resplendissant comme s'il avait reçu dans sa mâture et dans ses agrès une pluie d'étoiles.

« Le matin, la ville avait à son réveil une physionomie singulière. Les rues étaient désertes, les magasins entr'ouverts à demi. La population tout entière, dès le lever du soleil, se pressait sur les quais, sur les collines et jusque sur les toits qui avoisinent le port. A huit heures et demie, les salves des canons ont annoncé le départ du yacht impérial. L'Empereur a paru sur le pont, en costume de général, comme la veille, et les acclamations ont salué avec émotion le vaisseau qui porte « César et sa for-
« tune. »

« Avant de prendre la pleine mer, Sa Majesté a passé la revue de l'escadre. La revue d'une escadre est une des fêtes les plus attrayantes qu'on puisse offrir à une population maritime ; mais il faut renoncer à décrire le spectacle dont nous avons été témoins. Ces vaisseaux cuirassés, pareils à des cercueils flottants et vomissant par leurs sabords des orages de feu et de fumée, ce sont là des scènes que la plume est impuissante à peindre. La foule entassée sur les rivages, sur les canots, sur les flottilles, sur les hauteurs des forts et des rochers voisins, a accompagné la revue de ses cris et de ses applaudissements. »

La flotte cuirassée prouva en cette occasion qu'elle était au-dessus de tout éloge. Ainsi représentée par quelques-uns de ses plus beaux échantillons, ne proclamait-elle pas hautement la profonde sagacité et le génie militaire de celui qui la passait en revue? Napoléon III a transformé la tactique navale par la création du navire armé de fer, comme il a transformé la stratégie par l'invention du canon rayé. L'Europe l'a compris, et elle s'est empressée d'adopter les machines de guerre innovées en France ; mais, grâce à la vigilance et à l'initiative du souverain, il nous restera toujours l'avantage de posséder les meilleurs modèles et de marcher à pas certains dans la voie du progrès, sans ces tâtonnements, ces retards, ces dépenses excessives qui ont accompagné les essais peu fructueux des autres nations.

Qui, on ne saurait trop le répéter, émule de Napoléon Ier sans être son imitateur, Napoléon III, par un revirement inattendu, a déplacé les anciennes conditions de supériorité maritime, tout en remettant la France à la tête des États militaires du globe (1). Désormais il n'y a plus de défenses inexpugnables. Par le seul effort du génie et de la science, bastions et batteries élevés à grands frais sur tous les points du globe ont été démantelés, et sans qu'une goutte de sang fût versée nous avons pu prétendre à la souveraineté des mers. Magnifique résultat, acquis sans le secours de la force brutale ; digne récompense des travaux incessants d'un monarque jaloux de la grandeur de la France et ennemi des luttes inutiles!

La population de Marseille, si intelligente et si bonne appréciatrice des choses maritimes, prouvait par son enthousiasme à la vue des navires cuirassés qu'elle avait fait instinctivement les réflexions qui viennent d'être exposées. Ses applaudissements, ses acclamations, quand les sombres dominateurs de l'Océan évoluaient avec une rapidité vertigineuse, étaient à la fois un témoignage d'admiration pour la beauté du spectacle et un tribut de louanges au souverain qui a doté la France d'une si admirable marine.

(1) Au moment même où nous écrivons ces lignes, les journaux publient une nouvelle qui confirmerait encore notre opinion, s'il en était besoin. Voici le fait :

« Il se construit en ce moment dans les chantiers de Toulon un navire cuirassé qui s'appellera *le Choc*. Cette nouvelle machine de guerre, inventée, dit-on, par l'Empereur, ne portera pas de canon ; sa seule force sera dans son poids et sa vitesse. On prétend que, lancé à toute vapeur sur un navire ennemi, *le Choc*, à l'aide de son formidable éperon, le mettra en pièces, quelles que soient sa taille et son armure. »

ACCIDENT DU DAIM

Un incident qui aurait pu avoir des suites plus graves attrista un moment le magnifique départ de l'escadre. Deux avisos, *le Daim* et *le Croiseur*, devaient maintenir l'ordre parmi les navires chargés de spectateurs et se tenir à la disposition de Sa Majesté. Les autorités de Marseille et leurs familles s'étaient embarquées sur le premier de ces avisos pour mieux embrasser le spectacle de la revue. *Le Daim*, appelé par un signal auprès du yacht de l'Empereur, passa sur l'avant de la frégate cuirassée *la Couronne*, qui n'eut pas le temps d'arrêter sa marche. Par une rapide manœuvre toutefois, le contre-amiral Saisset évita un choc qui aurait écrasé le pauvre aviso. Cet officier général laissa porter sur *l'Aigle* qui, ayant toute sa pression, pouvait s'éloigner facilement. En cette conjoncture assez délicate, l'Empereur prit lui-même le commandement de *l'Aigle*, en criant avec un sang-froid admirable de partir à toute vitesse.

Le Daim n'avait pu se soustraire entièrement au choc de *la Couronne*. Il n'eut toutefois à déplorer que quelques avaries légères et la mort du maître-commis qui, perdant la tête, sauta à la mer et se noya.

LA TRAVERSÉE. — RELACHE A PALMA

A peine l'escadre eut-elle gagné le large que la brise, déjà très-fraîche, prit une nouvelle force et la mer grossit sensiblement. Toutefois le temps se maintint fort beau, et, le soir, la mer et le vent s'apaisèrent.

L'escadre cuirassée naviguait avec un ordre et une rapidité admirables. *L'Aigle* et *le Solferino*, qui tenaient la tête de la ligne, filaient treize nœuds à l'heure. Les autres navires ne cessèrent de conserver leur distance, malgré cette effrayante vitesse. Il était difficile d'imaginer un spectable plus beau et plus propre à donner une haute idée de la nouvelle puissance maritime de la France, que celui de ces colosses armés d'une cuirasse de fer épaisse de cinq pouces et fendant les eaux à raison de vingt-quatre kilomètres à l'heure.

Le second jour de la traversée, vers quatre heures du matin, on doublait Minorque, et, venant sur tribord de quelques degrés, on longeait les côtes de cette île.

Arrivé en rade de Palma, le yacht impérial se dirigea vers l'entrée du port. L'escadre continua à évoluer au large.

Le canon des forts avait salué l'arrivée de Sa Majesté, qui à son débarquement trouva une foule empressée et heureuse de contempler le souverain dont le nom remplit l'Europe. La plus longue visite de l'Empereur fut pour la cathédrale, qui vraiment est d'une magnificence rare. Le style de l'architecture de cet édifice est le sarrasin-gothique. Les colonnes qui séparent la grande nef des nefs latérales représentent des troncs de palmiers, dont le fût s'élève à une hauteur prodigieuse et dont les palmes, se répandant en volutes dans l'origine de la voûte, lui donnent un aspect grave et majestueux. La hardiesse, l'élégance et la vaste étendue de ce monument, la blancheur des marbres qui le décorent, les ornements remarquables de la tribune où se chante l'évangile, tout cela forme un ensemble admirable et grandiose. Ajoutons que la cathédrale de Palma possède les orgues les plus sonores et les plus harmonieuses peut-être de l'Europe.

A trois heures de l'après-midi, l'Empereur retourna à bord de *l'Aigle*. Sa Majesté s'était arrêtée aux îles Baléares afin de ne point faire son entrée dans le port d'Alger pendant la nuit suivante; ce délai nécessaire étant expiré, l'escadre reprit sa route.

Les navires cuirassés s'éloignèrent à toute vapeur, en observant le même ordre qu'au début du voyage; toutefois *la Provence*, ayant éprouvé de légères avaries dans sa machine, fut obligée bientôt de demander liberté de manœuvre pour quelques heures.

ARRIVÉE A ALGER

A quatre heures du matin, on aperçut le feu tournant d'Alger, et l'escadre, faisant petite vapeur, laissa le yacht impérial gouverner seul vers l'entrée du port.

Aussitôt le canon du môle retentit, saluant l'arrivée du souverain si impatiemment attendu. Le soleil levant éclairait un spectacle à la fois solennel et joyeux. Tous les vaisseaux étaient pavoisés, et une multitude aux costumes divers se pressait sur les quais.

Chaque navire de l'escadre doubla successivement les jetées et vint prendre le mouillage qui lui avait été assigné d'avance. Au fur et à mesure ces bâtiments pavoisaient et amenaient leurs embarcations.

A huit heures l'Empereur, dont le yacht était amarré en face de la place du Gouvernement, débarquait au milieu des vivats et des hourras de la population groupée sur les quais, les collines des alentours et les terrasses des habitations. Au loin dans la campagne, on voyait onduler les burnous de nombreux *goums* arabes se dirigeant au galop vers la place.

Sa Majesté était accompagnée de S. Exc. le maréchal Mac-Mahon, gouverneur général de l'Algérie. La milice et les troupes de la garnison avaient pris les armes et formaient la haie jusqu'au palais du Gouvernement, préparé pour la résidence de l'Empereur.

En mettant pied à terre, Sa Majesté fut reçue par le maire, accompagné du conseil municipal, qui lui présenta les clefs de la ville et lui fit le discours suivant :

« Sire,

« Je viens présenter à Votre Majesté les clefs de la ville d'Alger.

« Permettez-moi, Sire, de lui offrir en même temps l'hommage du respectueux dévouement de ses habitants.

« Que Votre Majesté daigne porter les yeux sur cette foule accourue à sa rencontre : la joie peinte sur tous les visages, l'enthousiasme qui anime tous les regards, les acclamations de tout un peuple avide de voir son souverain, lui diront plus éloquemment que je ne saurais le faire combien la ville d'Alger est heureuse et fière de posséder l'Empereur dans ses murs.

« La visite d'un souverain est toujours une haute faveur. Celle de Votre Majesté, Sire, est plus qu'une faveur : elle est un bienfait, et la reconnaissance est une des vertus algériennes.

« Il y a cinq ans, Votre Majesté nous a laissé pour consolation de son prompt départ l'espérance d'un retour prochain. Depuis lors, nos regards n'ont point quitté l'autre rivage, et nous avons appelé de tous nos vœux le retour espéré.

« Vous êtes revenu, Sire; nous en remercions Votre Majesté avec toute l'effusion de nos cœurs.

« La Providence, qui règle le sort des empires, avait marqué le jour où la France glorieuse reprendrait parmi les nations le rang qu'elle lui a assigné.

« Ce jour est venu à son temps.

« Le jour où l'Algérie doit occuper sa place dans le monde est également marqué. Votre Majesté a traversé les mers pour poser les bases de sa grandeur future.

« Le jour providentiel est aussi arrivé pour nous.

« Vive l'Empereur!

« Vive l'Impératrice!

« Vive le Prince Impérial! »

Nous avons intégralement reproduit les paroles du maire d'Alger, parce qu'elles nous ont paru résumer de la manière la plus heureuse les espérances légitimes de la population et la haute signification historique du voyage de Napoléon III. Nous reproduirons ici, comme à sa place naturelle, la proclamation de l'Empereur aux colons algériens. On verra si les vœux exprimés par l'organe du chef de la municipalité devaient être trompés par le souverain.

« Alger, 3 mai.

« Je viens au milieu de vous pour connaître par moi-même vos intérêts, seconder vos efforts, vous assurer que la protection de la métropole ne vous manquera pas.

« Vous luttez avec énergie depuis longtemps contre deux obstacles redoutables : une nature vierge et un peuple guerrier; mais de meilleurs jours s'annoncent. D'un côté, des sociétés particulières vont, par leur industrie et leurs capitaux, développer les richesses du sol, et, de l'autre, les Arabes, contenus et éclairés sur nos intentions bienveillantes, ne pourront plus troubler la tranquillité du pays.

« Ayez donc foi dans l'avenir; attachez-vous à la terre que vous cultivez comme à une nouvelle patrie, et traitez les Arabes au milieu desquels vous devez vivre comme des compatriotes.

« Nous devons être les maîtres, parce que nous sommes les plus civilisés; nous devons être généreux, parce que nous sommes les plus forts. Justifions enfin sans cesse l'acte glorieux de l'un de mes prédécesseurs qui, faisant planter, il y a trente-cinq ans, sur la terre d'Afrique, le drapeau de la France et la croix, y arborait à la fois le signe de la paix et de la charité.

« NAPOLEON. »

Après avoir accueilli les félicitations du maire avec son affabilité bien connue, l'Empereur monta à cheval et passa devant le front des principaux chefs indigènes de la province d'Alger. Plus loin on voyait, rangés sur son passage, les élèves indigènes du collége arabe-français ; en face d'eux se trouvaient les élèves du lycée.

L'Empereur se rendit ensuite à la cathédrale, où il fut complimenté par Mgr Pavy, évêque d'Alger.

Nous n'avons pas besoin de dire que le plus vif enthousiasme ne cessa partout d'accueillir Sa Majesté. La population arabe avait oublié son flegme habituel, et de fait n'était-ce pas pour elle l'événement le plus extraordinaire et le plus heureux que cette arrivée d'un des plus grands souverains du monde qui venait de traverser la Méditerranée pour s'enquérir spécialement des divers besoins des populations indigène et française !

Arrivé à la résidence du Gouvernement, Napoléon III reçut les autorités civiles et militaires, ainsi que Mgr l'évêque en tête d'un nombreux clergé.

Sa Majesté, qui se montrait infatigable, voulut commencer dès le premier jour ses investigations sur l'état du pays. Accompagnée de M. le duc de Magenta, elle fit une excursion en voiture aux environs d'Alger, dans la direction de Moustapha (1).

---

(1) Moustafa, qui se divise en Moustafa supérieur et en Moustafa inférieur, est une des six annexes d'Alger. Moustafa supérieur, d'où l'on jouit d'une vue magnifique, se compose surtout d'élégantes villas ; le palais d'été du gouverneur général y est situé. Moustafa inférieur présente un aspect beaucoup moins riant. On y trouve un quartier de cavalerie et l'hôpital civil.

Quand l'Empereur rentra dans la ville, la population, dont l'enthousiasme semblait toujours aller en grandissant, se pressa autour de la calèche en poussant des vivat frénétiques. Si Napoléon III avait conservé le moindre doute sur la sincérité de l'affection des Arabes pour la dynastie impériale, cet élan spontané aurait suffi pour le dissiper.

Le soir, l'Empereur sortit à pied, en compagnie de S. A. I. le prince Murat et de quelques personnes de sa suite. Il se promena sur la place du Gouvernement, à laquelle une splendide illumination donnait un aspect magique. Les démonstrations de la foule ne le cédèrent en rien à celles de l'après-midi.

EXCURSION A SIDI-FERRUCH

Le lendemain 4 mai, l'Empereur invita à déjeuner les agas et les bachagas qui étaient allés le recevoir. Les chefs indigènes se retirèrent émerveillés des hautes vues de Sa Majesté et reconnaissants de la sollicitude qu'Elle montre pour les intérêts des Arabes.

Rien ne peut donner une idée de l'animation qui régnait dans Alger et aux alentours. Beaucoup de chefs et de particuliers étaient accourus des provinces les plus éloignées pour contempler le souverain. La ville ne suffisait pas à contenir cette multitude d'étrangers, et toute la campagne était couverte de tentes. Les goums qui avaient accompagné les agas et les caïds s'étaient réunis pour camper à l'une des portes d'Alger, et présentaient un coup d'œil des plus pittoresques.

A midi moins un quart, l'Empereur partait pour visiter la baie de Sidi-Ferruch et les établissements agricoles qui se trouvent sur la route. Sa Majesté était accompagnée du maréchal duc de Magenta, du général Fleury, du préfet d'Alger et des officiers de sa maison.

Depuis El-Biar (les puits) jusqu'au village de Chéragas, la route monte et descend à travers des haies touffues d'oliviers, d'aloès, de cactus qui bordent les fermes du voisinage. Les populations rurales s'étaient rassemblées au bord de ce chemin pittoresque pour saluer Sa Majesté, et les portails de toutes les maisons étaient ornés de drapeaux et de guirlandes de verdure.

L'Empereur ne s'arrêta qu'au village de Chéragas, situé à douze kilomètres environ d'Alger. Ce centre déjà important eut pour noyau des colons venus du département du Var et principalement de Grasse. Ces émigrants transplantèrent sur la terre africaine leur industrie traditionnelle, la distillation des fleurs. Aussi rien de plus coquet que ce village entouré de roses et de jasmins en plein épanouissement.

Après avoir répondu au discours du maire de Chéragas et s'être entretenue avec quelques colons, Sa Majesté remonta en voiture et se dirigea vers la ferme de Staouëli, appartenant aux trappistes.

L'abbé, la mître en tête, vint recevoir l'Empereur au seuil de l'établissement; il était entouré de ses religieux. Sa Majesté visita la ferme-abbaye et félicita les révérends pères sur leurs travaux agricoles. Mgr l'évêque d'Alger s'était rendu à Staouëli pour recevoir l'Empereur.

L'abbaye de la Trappe s'élève sur le champ de bataille illustré par la belle victoire des Français en 1830. Elle a été fondée en 1843, et, grâce au dévouement des religieux, la vaste plaine inculte où le voyageur heurtait du pied les boulets et les éclats d'obus a fini par devenir un ensemble de cultures florissantes et renommées pour leurs produits.

Il est impossible de ne pas admirer l'abnégation de ces bons pères, qui s'efforcent de faire rendre au sol toutes les richesses végétales que l'art le plus raffiné peut en extraire, et cela en se résignant à ne jamais profiter de ce labeur incessant, quelquefois mortel. On ne saurait imaginer une nourriture plus grossière et moins réparatrice que celle de ces religieux, qui envoient au marché d'Alger les fruits les plus exquis et la viande la plus savoureuse : quelques légumes bouillis dans l'eau et sans aucun assaisonnement, tel est leur unique ordinaire.

L'Empereur s'enquit spécialement de la nourriture des trappistes. Mais, avec la modestie qui leur est propre, les bons pères évitaient de faire connaître leurs austérités. Alors Napoléon III, se tournant vers Mgr Pavy, lui demanda s'il avait goûté la pauvre soupe du couvent.

— Une fois, Sire, répondit en souriant le bon évêque d'Alger, et ç'a été suffisant.

D'après ce détail on peut juger des autres mortifications des trappistes. Les yeux eux-mêmes doivent contribuer à augmenter les austérités. Partout sur les murs on voit cette inscription d'une sévérité inexorable :

« Vous êtes à l'égard du monde comme s'il n'était
« plus ; il est effacé de votre mémoire comme vous
« l'êtes de la sienne. »

Et cette autre plus consolante :

« Sil est triste de vivre à la Trappe, qu'il est
« doux d'y mourir ! »

Les journaux ont rapporté, au sujet du couvent de Staouëli, une anecdote que nous ne saurions passer sous silence, et que nous extrairons textuellement du *Moniteur de l'Algérie :*

« Ce n'est pas sans quelque étonnement que l'Empereur a appris qu'il y avait à la Trappe un certain nombre d'anciens militaires, dont au moins une douzaine ayant appartenu à la garde impériale. C'est alors que le général Fleury a voulu lui présenter un de ses anciens guides que, le matin même, il avait reconnu dans le frère commissionnaire qu'il avait vu à Alger.

« L'Empereur lui a dit quelques bonnes paroles et lui a demandé s'il était content à la Trappe.

« — Très-content, Sire, a répondu d'un air convaincu l'ancien guide.

« — Comment, lui disait le général Fleury, le matin

même de la visite au couvent, vous est venue l'idée d'entrer à la Trappe? Je ne me serais jamais douté que, du régiment des guides, on passât dans le cloître. Ce n'est certainement pas moi qui vous ai inspiré cette vocation?

« — Je vous demande pardon, mon général, c'est vous qui me l'avez donnée.

« — Comment! moi! et comment cela?

« — Vous m'avez si bien appris à obéir, que la discipline du cloître ne m'a pas paru au-dessus de mes forces.

« Le général riait de bon cœur d'avoir été ainsi, sans s'en douter, un aussi bon maître de novices. Quelques instants après, le bon frère n'était pas peu surpris de se voir prévenu dans la rue d'un grand salut et d'un signe amical de la main que lui adressait le général. En entrant dans l'église du monastère, le général le démêlait encore au milieu de ses frères et lui adressait un signe amical qui le laissait confondu de tant de bienveillance. »

Après avoir quitté le couvent de la Trappe, l'Empereur se dirigea vers la presqu'île de Sidi-Ferruch (1), but de la promenade. Les riches cultures des

---

(1) Sidi-Ferruch, ou mieux Sidi-Feredj, était un marabout très-vénéré en Algérie. Au nombre des miracles que la tradition lui attribue, on peut citer le suivant :

« Un marin espagnol, voulant emmener Sidi-Feredj en Espagne par surprise, fut tout stupéfait, après une nuit de navigation, de se retrouver en vue de la presqu'île d'où il était parti. « Fais-moi remettre « à terre, dit le marabout, et ton navire pourra reprendre sa route. » Sidi-Feredj fut débarqué, et comme après une seconde nuit le bâti-

religieux cessèrent bientôt de border la route, et à leur place se montrèrent des massifs de broussailles fréquentés par les sangliers, et quelquefois, dit-on, par les panthères.

On arriva à la presqu'île, et l'Empereur examina longuement ce point célèbre où débarquèrent les Français en 1830. Sa Majesté, ayant sous les yeux une carte stratégique, se fit expliquer les différentes phases de la prise de possession du sol algérien par M. le maréchal duc de Magenta, qui avait concouru à l'expédition d'Alger avec le 20ᵉ de ligne.

Le retour s'effectua par la route qui longe la mer. Là, comme partout, la voiture de l'Empereur souleva à son passage mille joyeuses acclamations, et Sa Majesté, en rentrant à Alger, semblait très-satisfaite de sa promenade.

Le soir, au moment où l'Empereur traversait la cour du palais pour se rendre au dîner, les orphéonistes et les élèves du collége arabe-français, réunis autour du cloître mauresque, chantèrent avec un ensemble parfait le chœur de la *Muette*, légèrement modifié, afin de ne pas blesser les croyances diverses des exécutants.

Sa Majesté s'arrêta et parut à la fois surprise et

---

ment se trouvait encore à la même place, et cela parce que Sidi-Feredj avait oublié ses babouches sur le pont, l'Espagnol les prit, se hâta de les rapporter à son propriétaire, et lui demanda comme grâce de rester près de lui et de le servir. L'Espagnol, devenu fervent musulman, vécut et mourut avec Sidi-Feredj. Tous deux furent enterrés dans une chapelle (koubba) qui va bientôt disparaître. »

7

contente de voir la fusion parfaite des éléments hétérogènes qui composent l'orphéon d'Alger, formé par des Français, des musulmans, des israélites indigènes, des Maltais, des Espagnols et des Italiens.

L'Empereur se retira après avoir félicité les jeunes gens, qui continuèrent leur concert vocal pendant toute la durée du repas.

Le 5 mai, l'Empereur sortit avec le maréchal duc de Magenta pour visiter en détail la ville et les quais. Sa Majesté voulait se rendre compte Elle-même de toutes les améliorations projetées. Durant cette promenade au milieu des centres les plus populeux, l'enthousiasme des Algériens se manifesta aussi bruyamment que la veille et l'avant-veille.

PROCLAMATION DE L'EMPEREUR AUX ARABES

Ce même jour on publia la proclamation de l'Empereur aux Arabes, qui fut affichée partout. Les nobles paroles de Napoléon III firent une impression immense. Partout, dans les rues, sur les places publiques, dans les mosquées, une foule indigène, bruyante, émerveillée, lisait les promesses et les admirables conseils de ce souverain qui n'avait pas hésité à quitter le continent européen pour venir les faire profiter des fruits de son expérience et de son génie. Les citations du Coran surtout firent une vive impression sur les Arabes, qui reconnurent en cette circonstance que, digne successeur de son oncle, Napoléon III savait parler à tous ses sujets selon leur religion, leurs mœurs et leur langage. Nous reproduisons ici ce document, dont la date inaugure une ère nouvelle pour l'Algérie.

« Lorsqu'il y a trente-cinq ans la France a mis
« le pied sur le sol africain, elle n'est pas venue
« détruire la nationalité d'un peuple, mais, au con-
« traire, affranchir ce peuple d'une oppression sécu-
« laire ; elle a remplacé la domination turque par
« un gouvernement plus doux, plus juste, plus
« éclairé. Néanmoins, pendant les premières années,
« impatients de toute suprématie étrangère, vous
« avez combattu vos libérateurs.

« Loin de moi la pensée de vous en faire un crime ;
« j'honore, au contraire, le sentiment de dignité
« guerrière qui vous a portés, avant de vous sou-
« mettre, à invoquer par les armes *le jugement de*
« *Dieu*. Mais Dieu a prononcé ; reconnaissez donc
« les décrets de la Providence qui, dans ses desseins
« mystérieux, nous conduit souvent au bien en trom-
« pant nos espérances et en faisant échouer nos
« efforts.

« Comme vous, il y a vingt siècles, nos ancêtres
« aussi ont résisté avec courage à une invasion
« étrangère, et cependant de leur défaite date leur
« régénération. Les Gaulois vaincus se sont assi-
« milés aux Romains vainqueurs, et de l'union
« forcée entre les vertus contraires de deux civili-
« sations opposées est née, avec le temps, cette

« nationalité française qui, à son tour, a répandu
« ses idées dans le monde entier. Qui sait si un
« jour ne viendra pas où la race arabe, régénérée et
« confondue avec la race française, ne retrouvera
« pas une puissante individualité semblable à celle
« qui, pendant des siècles, l'a rendue maîtresse
« des rivages méridionaux de la Méditerranée.

« Acceptez donc les faits accomplis. Votre Pro-
« phète le dit : *Dieu donne le pouvoir à qui il veut*
« (chap. II, verset 248). Or, ce pouvoir que je tiens
« de lui, je veux l'exercer dans votre intérêt et pour
« votre bien.

« Vous connaissez mes intentions : j'ai irrévoca-
« blement assuré dans vos mains la propriété des
« terres que vous occupez; j'ai honoré vos chefs,
« respecté votre religion; je veux augmenter votre
« bien-être, vous faire participer de plus en plus à
« l'administration de votre pays comme aux bienfaits
« de la civilisation; mais c'est à la condition que,
« de votre côté, vous respecterez ceux qui représen-
« tent mon autorité. Dites à vos frères égarés que
« tenter de nouvelles insurrections serait fatal pour
« eux. 2 millions d'Arabes ne sauraient résister à
« 40 millions de Français. Une lutte d'un contre
« vingt est insensée! Vous m'avez d'ailleurs prêté
« serment, et votre conscience, comme votre livre
« sacré, vous oblige à garder religieusement vos
« engagements (chap. VIII, *du Repentir*, verset 4).

« Je remercie la grande majorité d'entre vous dont
« la fidélité n'a pas été ébranlée par les conseils

« perfides du fanatisme et de l'ignorance. Vous
« avez compris qu'étant votre souverain je suis votre
« protecteur; tous ceux qui vivent sous nos lois ont
« également droit à ma sollicitude. Déjà de grands
« souvenirs et de puissants intérêts vous unissent à
« la mère patrie; depuis dix ans, vous avez partagé
« la gloire de nos armes et vos fils ont dignement
« combattu à côté des nôtres en Crimée, en Italie,
« en Chine, au Mexique. Les liens formés sur le
« champ de bataille sont indissolubles, et vous avez
« appris à connaître ce que nous valons comme amis
« ou comme ennemis.

« Ayez donc confiance dans vos destinées, puis-
« qu'elles sont unies à celles de la France, et recon-
« naissez avec le Coran que *celui que Dieu dirige*
« *est bien dirigé* (chap. VII, *El-Araf*, verset 177).

« Alger, le 5 mai 1865.

« NAPOLÉON. »

La plume éloquente qui a tracé la préface de
l'*Histoire de César* se reconnaît dans cette proclamation. Un langage ferme et paternel à la fois
était bien celui qui devait frapper vigoureusement
l'esprit arabe. Dans ce document, l'Empereur résume
par quelques lignes les plus hautes vérités qu'enseigne la philosophie de l'histoire; et avec un art
consommé il met ces grands principes à la portée d'un
peuple auquel les idées abstraites sont presque toujours difficilement accessibles. Le Coran lui-même

contribue à dissiper les mensonges du fanatisme. Des textes habilement choisis montrent aux musulmans la voie d'une noble résignation qui, loin de les abaisser, les élèvera en leur faisant partager le glorieux ascendant de leurs frères d'armes, les enfants de la France napoléonienne.

Oui! nous le répétons hautement, cette proclamation est le signal d'une ère nouvelle pour l'Algérie, et, retentissant jusqu'aux limites du désert, fera plus que la présence de vingt régiments pour hâter la pacification définitive de notre conquête africaine.

EXCURSION A BOUFFARICK

Le lendemain 6 mai, Sa Majesté entreprit une grande excursion dans la plaine de la Mitidja pour visiter les comices agricoles de Bouffarick. L'Empereur voulait se rendre compte des progrès de la colonisation dans cet important district; Sa Majesté était accompagnée du duc de Magenta, du général Fleury, sénateur, du général Castelnau, du colonel Reille, du préfet d'Alger et du secrétaire général.

L'Empereur exprima son admiration à diverses reprises en traversant la plaine de la Mitidja. Cet immense espace de terrain est destiné à redevenir un des centres de culture les plus importants de l'Afrique. Nous ne saurions mieux décrire ce plateau célèbre qu'en laissant la parole à un artiste habile à manier la plume comme le pinceau :

« Je pouvais, dit M. E. Fromentin, apercevoir et mesurer d'un coup d'œil le périmètre de cette plaine magnifique qui fut, avec la Sicile, le grenier d'abondance des Romains, et qui deviendra le nôtre, quand elle aura ses légions de laboureurs. J'aime la plaine, et celle-ci est une des plus grandes, sinon des plus vastes, que j'aie vues de ma vie. On a beau la parcourir à la française, sur une longue chaussée civilisée par des ornières, y trouver des relais, des villages et de loin en loin des fermes habitées : c'est encore une vaste étendue solitaire où le travail de l'homme est imperceptible, où les grands arbres disparaissent sous le niveau des lignes, très-mystérieuses comme tous les horizons plats, et dont on ne découvre distinctement que les extrêmes limites : à droite, la ligne abaissée du Sahel; au fond, les montagnes de Miliana perdues dans des bleus légers; à gauche, le haut escarpement de l'Atlas, tendu d'un vert sombre avec des neiges partout sur les sommets... la partie basse de la plaine est cachée sous l'eau, beaucoup de fermes ont l'air d'être bâties sur un étang et le marais de l'oued el-Halleg, à peine humide pendant l'été, inonde deux lieues de pays. »

A huit kilomètres environ du pont de l'oued Kerma, on aperçut un hameau appelé Bir-Touta (le Puits-du-Mûrier) ou le quatrième blockhaus. Ce nom de quatrième blockhaus rappelle qu'il y avait là une de ces huttes de bois, plus larges du haut que du bas, dans lesquelles on pénétrait par le sommet, au moyen d'une échelle qui, en cas d'alerte, s'enlevait; et alors les quelques hommes enfermés dans ce petit fort, dont l'enceinte en planches était à l'abri des balles, pouvaient résister à un coup de main et défendre les environs au moyen de meurtrières.

Ces blockhaus, sorte de corps de garde composé de 20 à 30 hommes, étaient jetés ainsi, d'espace en espace, pour la sûreté des routes sur lesquelles, sans parler de la guerre d'Afrique proprement dite, il y avait des malfaiteurs et des maraudeurs isolés qui attaquent les Français comme les Arabes eux-mêmes. Le ravitaillement des bockhaus ne se faisait pas toujours sans coups de fusil ; les annales militaires de l'Algérie gardent le souvenir des ravitaillements meurtriers et glorieux de 1836.

Enfin le train impérial atteignit Bouffarick. Cette petite ville s'était parée avec coquetterie pour recevoir le souverain. Les arbres formant des allées ombreuses étaient ornées de trophées de drapeaux sous lesquels se détachaient l'N impériale ; des guirlandes de feuillages, des corbeilles ce fleurs, des banderoles aux couleurs nationales décoraient la façade des maisons. Vis-à-vis de l'église un élégant pavillon avait été dressé.

Quel contraste présente cette coquette cité avec les constructions clair-semées qui, il y a quinze années à peine, abritaient de rares et malheureux colons que décimait une impitoyable épidémie. Un court abrégé historique prouvera mieux que vingt pages de raisonnements combien d'améliorations ont été réalisées sur le sol de l'Algérie depuis la conquête, n'en déplaise à **MM.** les détracteurs de la colonisation.

Ceux qui ont assisté aux discussions de la Chambre et des journaux pendant le règne de Louis-Philippe se souviennent de la sinistre renommée de Bouffarick. « Pendant les premières années, la maladie prélevait dans cette ville un tribut annuel de 20 pour 100 sur la population européenne. Aller coloniser à Bouffarick, c'était courir, sinon à la mort, du moins à la maladie, à cette fièvre de marais implacable, à laquelle nul ne pouvait se soustraire.

« Malgré l'insalubrité notoire de ce point, les colons ne reculèrent pas, et, comme sur un champ de bataille, les vides que la mort faisait étaient instantanément remplis par des hommes qui avaient la foi de la puissance du travail. A force de lutte, ces hommes tuèrent la fièvre comme nos soldats avaient tué l'ennemi; et aujourd'hui, sur l'emplacement du charnier algérien, s'élève la ville agricole la plus riche et la plus prospère de la grande colonie. » (*Moniteur*).

« Maintenant, dit **M. E.** Fromentin, Bouffarick est en pleine prospérité. Plus de malades, plus de fiévreux. Les Européens s'y portent mieux qu'ailleurs. Pendant que tant d'hommes y mouraient empoisonnés par la double exhalaison des eaux stagnantes et des terres remuées, les arbres, qui vivent de ce qui nous tue, y poussaient violemment comme dans du fumier. A présent, c'est un verger normand, soigné, fertile, abondant en fruits, rempli d'odeur d'étable et d'activité champêtre, la vraie campagne et les vrais campagnards... Il a fallu pour se l'approprier dix années de guerre avec les Arabes et vingt années de luttes avec un climat beaucoup plus meurtrier que la guerre. »

Après avoir dit ce qu'était Bouffarick et ce qu'en ont fait les efforts des Européens, nous laisserons *le Moniteur* rendre compte de la visite de Sa Majesté dans cette ville :

« Autour du pavillon impérial étaient pittoresquement disposés les produits admis à l'exposition du comice agricole : à côté des bestiaux, des céréales, des plantes industrielles, on voyait les instruments aratoires modifiés par le génie du colon et adaptés aux besoins de la culture algérienne. Les mécaniciens locaux avaient exposé des instruments appropriés au sol et aux besoins de la colonie : ici, c'étaient des ruches à miel en poterie ; là, des moulins à bras pouvant moudre vingt kilogrammes de farine blutée dans une heure, minoterie portative indispensable dans les fermes éloignées du centre ; plus loin l'on voyait tout l'attirail de la distillerie des essences.

« A son arrivée à la gare, Sa Majesté fut reçue par le sous-préfet de Blida, entouré du maire et du conseil municipal de Bouffarick.

« Après avoir écouté et répondu au discours de bienvenue prononcé par le maire, l'Empereur s'est entretenu quelques instants avec les colons qui formaient la députation municipale ; puis Sa Majesté, guidée par le maréchal Mac-Mahon, est allée visiter la magnifique usine de la Société linière et cotonnière qui a établi son siége à Bouffarick.

« Après avoir examiné en détail les bassins de rouissage, les machines à teiller le lin et à égrener le coton, l'Empereur est monté en voiture et s'est dirigé vers la place de Bouffarick. Ai-je besoin de vous dire que Napoléon III a été reçu par les acclamations chaleureuses des populations accourues des points les plus éloignés de la plaine pour saluer le souverain qui résume toutes leurs espérances.

« Après avoir parcouru l'exposition du comice agricole, Sa Majesté est venue se placer sous le pavillon qui lui avait été préparé; elle y a été haranguée par M. de Kubod, président du comice, et par M. Arnould, président de la Société impériale d'agriculture. La foule des colons avait envahi l'estrade sur laquelle se tenait l'Empereur, et à chaque instant elle acclamait le souverain par des vivat réitérés; l'enthousiasme ne connut plus de bornes lorsque Sa Majesté décora M. Arnould et M. de Franclieu. C'étaient les premières croix que Sa Majesté donnait à l'Algérie depuis son arrivée, et elle les attachait sur la poitrine de deux colons, dont l'un, M. de Franclieu, est un des vétérans de la colonie, un de ces vaillants pionniers qui ont défriché leur terre le fusil sur l'épaule. »

Après avoir décerné cette double récompense, l'Empereur monta en voiture et se dirigea avec sa suite vers Koléa, ville célèbre au double point de vue militaire et religieux, et située sur le revers méridional des collines du Sahel.

KOLÉA

Koléa, dont les annales, jusqu'à la prise d'Alger, ne comptent que le terrible tremblement de terre qui la détruisit en 1825, ainsi que Blida, était pour les musulmans de l'Algérie une espèce de Mekke où se rendaient en pieux pèlerinage les Arabes des environs. La mosquée et la koubba visitées par les pèlerins étaient celles de *Si-Embarek*, un homme des Hachem de l'Ouest, qui quitta sa tribu avec deux domestiques et vint à Miliana; comme il était pauvre, il renvoya ses domestiques, qui descendirent sur les bords du Cheliff et donnèrent naissance à la tribu des Hachem de l'Est, qu'on y retrouve encore. Si-Embarek se rendit à Koléa, et là il s'engagea comme khramès (métayer qui cultive au cinquième) chez un nommé Ismaïl; mais Si-Embarek, au lieu de travailler, ne faisait que dormir. Pendant ce temps, chose merveilleuse, les bœufs attelés à sa charrue marchaient toujours, de telle façon qu'au bout du jour ils avaient fait leur ouvrage. On rapporta ce prodige à Ismaïl qui, voulant s'en assurer par ses propres yeux, se cacha un jour près de là, et vit Embarek couché sous un arbre, tandis que ses bœufs labouraient. La tradition même ajoute que les perdrix, pendant ce temps, s'approchaient de Si-Embarek pour lui enlever sa vermine. Ismaïl, se précipitant alors à ses genoux, lui dit : « Tu es l'élu de Dieu ; c'est toi qui es mon maître : je suis ton serviteur. »

Aussitôt, le ramenant chez lui, il le traita avec le plus profond respect. Sa réputation de sainteté s'étendit bientôt au loin : de toutes parts on venait solliciter ses prières et lui apporter des offrandes. Ses richesses ne tardèrent pas à devenir considérables ; mais son influence était plus grande encore, et les Turcs eux-mêmes le respectaient.

Les descendants de ce saint personnage furent à leur tour regardés comme les protégés de Dieu ; en leurs mains habiles cette puissance est toujours restée très-grande. Un des ennemis les plus acharnés de la conquête française appartenait à cette famille.

Lors de la guerre avec les Français, Ben-Allah-ben-Embarek, un instant notre allié, se rappela son passé et se rallia à Abd-el-Kader, qui le nomma son khalifa (lieutenant) à Miliana ; plus tard nous le retrouvons au combat d'El-Malah, dans la province d'Oran, où il commandait les derniers bataillons réguliers d'Abd-el-Kader. Le 11 novembre 1843, cerné de tous côtés, perdant tout espoir de salut, il se détermina à vendre chèrement sa vie : d'un coup de fusil il tua le brigadier Labossage, du 2ᵉ chasseurs d'Afrique ; d'un coup de pistolet il abattit le cheval du capitaine, aujourd'hui général, Cassaignoles ; puis d'un autre coup de pistolet blessa légèrement le maréchal des logis de spahis Siquot, qui venait de lui asséner un coup de sabre sur la tête. Dégarni de son feu, il mit le yatagan à la main ; ce fut alors que le brigadier Gérard termina cette lutte désespérée en le tuant d'un coup de fusil. (Ce brave militaire était, on le sait, l'illustre chasseur de lions et l'infortuné explorateur qui vient de trouver la mort dans l'Afrique occidentale.) La tête de Ben-Allah fut envoyée à Alger, au bureau arabe, où ses coreligionnaires purent se convaincre de sa mort ; puis tête et corps, réunis dans un même cercueil, furent inhumés, avec les honneurs militaires, à Koléa, dans la koubba des Embarek, élevée près de la mosquée du même nom, et qu'ombragent un palmier et un cyprès dont la semence vient de la Mekke, toujours selon la légende.

Ajoutons que les Arabes de Koléa racontent encore que, pendant les nuits d'orage, on voit rôder aux environs de la ville un lion noir qui pousse d'effroyables rugissements ; ce lion c'est le prophète Sidi-Ali-Embarek qui veille sur la cité sainte.

Les habitants de Koléa accueillèrent Sa Majesté avec un enthousiasme égal à celui des colons de Bouffarick. « Après s'être informé avec bienveillance de la situation de la colonie, l'Empereur reprit la route d'Alger, et traversa tout ce réseau montagneux qui sépare la capitale de l'Algérie de la plaine de la Mitidja, et que l'on nomme le Sahel, pays fertile, fort bien cultivé et parsemé de jolis villages. Partout, sur son passage, l'Empereur était salué par les rudes travailleurs qui quittaient un instant la charrue et la pioche pour venir l'acclamer sur la route. C'est au milieu d'une ovation continue que Sa Majesté rentra à Alger, après avoir traversé Douéra et les villages qui se trouvent sur la même ligne (1). »

MILIANA

Le lendemain, dimanche 7 mai, Sa Majesté alla assister à la messe dite à la cathédrale par Mgr Pavy, et monta ensuite en chemin de fer pour se rendre à Miliana, par Blida. Tout le long de la voie ferrée, le train impérial fut salué d'une incessante acclamation. Indigènes et colons étaient accourus de plusieurs lieues à la ronde pour entrevoir au moins un instant la rapide machine qui emportait le souverain bien-aimé. A l'approche de chaque station, l'Empereur faisait ralentir la vitesse afin de saluer la foule.

Pour cette fois, le cortége ne devait pas s'arrêter à Blida. A la gare de cette petite et charmante ville, Sa Majesté monta en voiture pour franchir les dix-sept lieues qui séparaient de Miliana.

Tout le trajet ne fut qu'une longue ovation, et l'on peut dire que les malades ou les infirmes seuls avaient renoncé au bonheur d'assister au passage du cortége impérial.

La route de Blida à Miliana s'enfonce dans une contrée montagneuse et très-pittoresque. Le point le plus remarquable est le système de sources minérales,

---

(1) *Moniteur* du 13 mai 1865.

connu sous le nom d'Hamman-Kir'a (les *aquœ calidœ* des Romains). Des ruines intéressantes et des sites boisés reposent agréablement à cet endroit les yeux du voyageur.

L'entrée du cortége à Miliana se fit au milieu d'un enthousiasme indescriptible. « Les indigènes, plus nombreux sur ce point que les Européens, donnaient des marques non équivoques de leurs sentiments, et les cris de : *Vive l'Empereur !* écorchés par des bouches arabes, donnaient un cachet original aux acclamations.

« Dès son arrivée, l'Empereur reçut à l'hôtel de la subdivision les autorités civiles et militaires et les chefs arabes venus des points méridionaux les plus éloignés pour le saluer.

« Aussitôt la réception officielle terminée, Sa Majesté se montra au balcon de l'hôtel et y fut chaleureusement acclamée; puis les troupes de la garnison défilèrent devant Elle. Le soir, la ville était splendidement illuminée, et l'artillerie tirait un feu d'artifice au pied du Zaccar, haute montagne qui domine la ville au nord (1). »

Miliana est située au milieu d'un des paysages les plus remarquables de l'Algérie. Suspendue en quelque sorte au penchant de la montagne et bâtie sur le flanc d'un rocher dont elle borde les crêtes, la ville est bornée au sud par la petite vallée du Chélif, à l'est par un ravin qu'elle domine à pic et à l'ouest par un

---

(1) *Moniteur* du 13 mai.

plateau arrosé d'eaux vives qui appellent et favorisent la culture.

Pendant plusieurs années Miliana joua un rôle bien triste et bien important dans les annales de la conquête. En 1830, après la chute du dey Hussein, l'empereur du Maroc fit prendre possession de cette ville par un lieutenant qui, du reste, n'y put rester longtemps. Abd-el-Kader, dont la puissance grandissait de jour en jour, occupa à son tour Miliana et y installa, dès 1834, comme khalifa, Ali-ben-Embarek, notre ancien aga de la Mitidja.

Cependant l'occupation de Médea, 17 mai 1840, devait amener celle de Miliana ; nos troupes s'en emparèrent le 8 juin suivant. A notre approche les Arabes avaient évacué la ville en y mettant le feu; aussi ne présentait-elle, lorsque nous y entrâmes, qu'un amas de ruines, et c'est à peine si l'on put, après beaucoup de travail, en réparant les maisons qui avaient le moins souffert, ménager un abri pour les troupes pendant l'hiver.

Bloqué étroitement par les soldats réguliers d'Abd-el-Kader, en 1840 et 1841, cette ville ne put communiquer avec Alger, durant cette période, qu'au moyen de rares convois escortés par de fortes colonnes ; et encore, ces ravitaillements ne se faisaient-ils jamais sans quelque engagement sérieux avec l'ennemi. Au mois d'octobre 1840, le général Changarnier venait se porter au secours de Miliana, dont la garnison, décimée par la nostalgie, la famille et la maladie, avait presque succombé sous sa tâche ; des 1,200 hommes commandés par le brave colonel d'Illens, 700 étaient morts, 400 étaient à l'hôpital ; à peine si les autres avaient la force de tenir leurs fusils ; et, pour peu qu'on eût tardé de quelques jours, la ville se voyait prise faute de défenseurs.

De tous les points que nous avons occupés en Algérie, Miliana est peut-être la ville où nos soldats ont eu à supporter les plus rudes épreuves. M. Autran a écrit sur cet épisode de nos guerres d'Afrique un poëme bien émouvant, qui est la traduction en vers, comme il le dit, du journal du colonel d'Illens.

Les expéditions de 1842 changèrent la face des choses. Abd-el-Kader dut chercher un refuge dans la province d'Oran; les environs de Miliana devinrent tranquilles, et la route du Gontas, ouverte par l'armée au commencement de 1843, permit aux Européens de circuler facilement entre cette ville et Blida. C'est à partir de cette époque qu'une population civile commença à s'installer à Miliana ; elle s'accrut rapidement, et les constructions nouvelles ou restaurées remplacèrent la ville délabrée dans laquelle l'armée était entrée en 1840.

La ville a perdu beaucoup de son ancienne physionomie arabe, ce qu'on peut regretter au point de vue pittoresque, mais nullement sous le rapport hygiénique. Toutefois Miliana a conservé quelques monuments curieux, entre autres la mosquée où repose le marabout Sidi-Mohammed-ben-Youssef. Ce vénérable personnage, mort il y a près de quatre cents ans, faisait des miracles et rimait des dictons sarcastiques ou louangeurs encore célèbres en Algérie. Nous aurons plus d'une fois l'occasion d'en citer. Miliana ne fut pas épargnée par lui. Il disait de cette ville que « les femmes y commandaient et que les hommes y étaient prisonniers. » Les Embarek de Koléa étaient également originaires de Miliana.

RETOUR A ALGER

Le lendemain 8 mai, l'Empereur quitta Miliana et reprit la même route que la veille. Sa Majesté était de retour à Alger vers cinq heures et demie.

Malgré les désagréments d'un voyage rapide, aggravés par la violence d'un vent d'ouest qui n'avait cessé de souffler pendant toute la journée, l'Empereur, qui se montrait infatigable, voulut faire, le soir, une promenade à pied dans la ville. Accompagné du général de division de Wimpffen et des officiers de sa suite, Sa Majesté traversa plusieurs fois la place du Gouvernement et descendit même jusqu'au bas de l'escalier de la Pêcherie. Ensuite l'Empereur remonta sur le magnifique boulevard de l'Impératrice, où il se promena quelques instants. Bientôt la foule devint si compacte que, pour se soustraire à cette ovation improvisée, Sa Majesté dut rentrer au palais du Gouvernement.

Le 9 mai, dans la matinée, l'Empereur reçut un

certain nombre de chefs indigènes du territoire d'Alger, ainsi que les principaux membres de la famille de Si-Ali-Embareck, dont nous avons parlé à propos de la ville de Koléa. Quand ils se retirèrent, ils taient émus au plus haut degré de l'accueil sympathique et des paroles remarquables du souverain.

Dans l'après-midi, Sa Majesté sortit en voiture pour visiter la ville, en compagnie du gouverneur général. La première pensée de l'Empereur fut de se rendre à la cathédrale, encore en voie de construcion, pour se faire rendre compte des travaux.

Le cortége impérial se rendit ensuite à la bibliothèque, qui est en même temps un musée. Sa Majesté examina avec intérêt la salle consacrée aux antiquités romaines. Pendant cette visite, M. Berbrugger, bibliothécaire de la ville, eut l'honneur de mettre sous les yeux de l'Empereur une lettre autographe du général Bonaparte adressée, pendant l'expédition d'Egypte, à Mustapha-Pacha, dey d'Alger.

L'EMPEREUR ET LE CLERGÉ MUSULMAN

Après avoir passé quelque temps au palais de justice, l'Empereur se dirigea à travers une foule épaisse vers la mosquée de la Pêcherie, où il fut reçu par le muphti à la tête de son clergé. Le pontife arabe adressa une poétique harangue à l'auguste visiteur, qui répondit en assurant que sa volonté était de respecter les diverses croyances religieuses et d'assurer sa protection au culte musulman. Immédiatement après cette réception, tous les prêtres de la mosquée récitèrent les prières prescrites par le Coran pour la conservation du souverain.

Ce spectacle imposant produisit une impression extraordinaire. Jamais le clergé musulman n'avait ainsi accueilli un souverain catholique.

En sortant de la Pêcherie, l'Empereur se rendit à la grande mosquée, où il fut reçu avec le même cérémonial et la même vénération. Sa Majesté visita ensuite le lycée et le collège arabe-français, où les jeunes élèves l'accueillirent avec des vivats d'un enthousiasme impossible à décrire.

FÊTE AU PALAIS D'ÉTÉ

Le gouverneur général donnait à l'Empereur, dans la soirée, une fête magnifique au palais d'été situé à Moustapha. Nous emprunterons à un témoin oculaire le récit pittoresque de cette brillante réception.

« Le soir, la ville s'illuminait plus brillamment encore qu'au jour du débarquement ; ce n'était plus seulement la ravissante place du Gouvernement et les grandes voies qui étaient parées et illuminées, c'était toute la ville haute et basse, il n'y avait pas une lucarne, pas une fenêtre qui n'eût son signe de joie ; on sentait que le même sentiment de reconnaissance pour le souverain unissait toutes les races qui forment la population algérienne.

« Aussi, lorsque la voiture impériale, précédée d'une escorte de chasseurs portant des torches, traversa la place du Gouvernement, fut-elle acclamée avec une furia inconnue jusqu'alors dans les ovations populaires. L'Empereur se rendait au bal que le maréchal duc de Magenta lui donnait à son palais d'été de Mustapha. Il faudrait la plume féerique du conteur des *Mille et une Nuits* pour raconter les splendeurs de cette soirée mémorable. Le palais d'été des gouverneurs généraux de l'Algérie est assis sur ce ravissant coteau de Mustapha, au centre de ce site admirable qui a la baie d'Alger pour centre.

« La demeure n'a aucun aspect monumental; c'est un amas de logis reliés les uns aux autres, sans symétrie; mais l'intérieur de la résidence est distribué avec ce sens pratique de la vie qui font de l'Alcazar de Séville et de l'Alhambra de Grenade des modèles du genre. Tout est ouvert au ciel dans ces demeures orientales. Je ne vous ferai pas la description des salons, et je me bornerai à vous dire qu'ils étaient aussi brillants que les plus brillants. Quant à l'aspect général, figurez-vous les cohues les plus élégantes et les plus aristocratiques rehaussées de costumes arabes et juifs, et vous aurez une idée encore imparfaite de la magnificence du coup d'œil. Entre les danses, la foule élégante s'écoulait sur les terrasses et dans les jardins, sous le ciel bleu et limpide.

« C'est au milieu de cette fête resplendissante que l'Empereur Napoléon III fit son entrée vers dix heures. Je ne saurais en vérité vous raconter tous les détails de cette soirée. A l'extérieur, le spectacle était magique. Alger apparaissait brillamment illuminé du sommet à la base ; dans le port, les vaisseaux de l'escadre, embrasés, semblaient être le reflet de la ville. L'hémicycle formé par les coteaux de Mustapha était également en feu, le ciel lui-même s'était mis de la partie et laissait scintiller au firmament ses étoiles les plus brillantes. La féerie la plus compliquée ne saurait égaler un spectacle pareil, et le charme fut complet lorsque le fort l'Empereur alluma ses feux, et dans une manœuvre pyrotechnique simula l'attaque de la forteresse qu'illustra notre armée en 1830.

« Vous savez que, parmi les épisodes émouvants de la prise de la ville d'Alger, il faut classer celui du fort : les Turcs, vaincus, mirent héroïquement le feu aux poudres et firent sauter la forteresse. C'est ce dernier acte du grand drame qui a servi de sujet au bouquet du feu d'artifice. A l'intérieur la magnificence n'était pas moins grande : tous les visages rayonnaient, et la présence du souverain semblait animer l'ardeur de la fête.

« Le souper a été splendide, et, au milieu des délicatesses, comme disent les Allemands, on remarquait des galantines de gazelle, des pièces froides de chameau et d'autruche, des émincés de deub, lézard délicat du Sud (1).

---

(1) Voici le menu de ce souper, d'après le *Moniteur de l'Algérie* :
Potage de tortues de Boudouaou.

« Pendant toute la durée du bal, Sa Majesté n'a cessé de s'entretenir avec chacun, et ce n'est que fort tard, après le souper, que l'Empereur est parti, emportant et laissant un souvenir durable de cette magnifique réception.

« Malgré l'heure avancée de la nuit, la population d'Alger était restée sur pied pour saluer le retour du souverain, et c'est aux acclamations de la foule que Sa Majesté a fait sa rentrée dans la capitale de la colonie (1).

Relevés.

Porc-épic garni de rognons d'antilope.
Quartiers de gazelle de l'Ouargla.
Filets de marcassins de l'oued Hallouf.

Entrées.

Salmis de poules de Carthage.
Côtelettes d'antilope.
Pains d'outardes des Chotts.

Rôtis.

Autruche de l'Oglat-Nadja.
Jambons de sangliers.

Entremets.

Sciquiums du Hammab.
Œufs d'autruche à la coque.
Gelée de grenades à la Staouéli.

Pâtisseries arabes.

Onidax, macroûdes, scerakborach, oribias.

(1) *Moniteur universel* du 16 mai 1865.

VISITE AU BASSIN DE RADOUB ET AU JARDIN D'ACCLIMATATION

La matinée du 10 mai fut consacrée en partie aux audiences. Ensuite l'Empereur travailla longtemps avec le gouverneur général, et sortit dans l'après-midi pour visiter les chantiers et les annexes du port d'Alger. Sa Majesté examina longuement la disposition du bassin de radoub et exprima la satisfaction que lui donnait la manière intelligente dont il était construit. Par cette visite inopinée, à une heure où les ouvriers étaient au travail, l'Empereur voulait donner une preuve de l'intérêt qu'il attache aux travaux dont l'exécution se lie si étroitement à la prospérité de la colonie.

En quittant le port, Sa Majesté remonta en voiture et prit la rampe Bab-Azoum pour se rendre au Jardin d'acclimatation. L'Empereur loua beaucoup le zèle avec lequel cet établissement avait été organisé, et Elle exprima le désir que quelques espèces zoologiques particulièrement utiles à l'Algérie fussent ajoutées au noyau déjà rassemblé.

L'Empereur assista le soir à la représentation de *Rigoletto*, donnée au Théâtre-Impérial. Sa Majesté parut vivement émue de l'enthousiasme avec lequel les spectateurs la saluèrent.

VOYAGE A BLIDA ET A MÉDÉA

Le 11 mai l'Empereur voulut compléter le cercle de ses premières excursions dans la province d'Alger en visitant Blida et Médéa. A neuf heures quarante minutes du matin Sa Majesté, accompagnée du maréchal Mac-Mahon, arrivait à la gare de Blida, où l'attendaient les généraux de Wimpffen, de Laserre et le préfet du département. La grande avenue était magnifiquement pavoisée et la porte de Bab-ès-Sebt était surmontée d'un aigle dominant les armes de la ville, qui porte au premier chef un oranger sur champ de gueules et un bouquet de roses accosté d'une croix. Au-dessous on lisait ces mots : *Vive l'Empereur!* formés par des oranges.

Sous la voûte même de la ville, Sa Majesté fut reçue par M. Ausone de Chancel, sous-préfet, et bien connu par ses poésies. M. Borelli-la-Sapie, maire, était également venu au-devant de Sa Majesté avec le conseil municipal et toutes les autorités de la ville.

Au même moment un colon d'origine espagnole insistait pour être admis auprès de l'Empereur, et s'étant approché sur un signe de Sa Majesté, il remit entre ses mains une corbeille de magnifiques cerises qui fut gracieusement acceptée.

L'Empereur traversa la ville aux acclamations de tous les habitants et se rendit à l'église, où il fut reçu par le curé, entouré de son clergé. Après la cérémonie religieuse, Napoléon III alla visiter le bois des Oliviers, superbe plantation, où se tient le marché arabe le vendredi, et qui fut témoin de plus d'une lutte acharnée entre nos troupes et les tribus indigènes, comme en témoignent les nombreuses traces de balles empreintes encore sur l'écorce rugueuse des arbres.

L'Empereur manifesta plusieurs fois son admiration pour la beauté des sites au milieu desquels s'élève Blida. Il serait difficile, en effet, de trouver une cité qui laisse un plus agréable souvenir, et qui mérite mieux ces deux vers du marabout Sid-Ahmed-ben-Youssef :

> En-nass k'aloulek blida,
> On ana smitek ourida.
>
> Les hommes t'ont nommée petite ville (1),
> Moi, je t'appelle petite rose.

Située à l'entrée d'une vallée très-profonde, au pied du petit Atlas, qui l'abrite du côté du midi, Blida reçoit du contre-fort fertile auquel elle est adossée des eaux abondantes qui arrosent les jardins et les orangeries dont la blanche ville se fait une ceinture verdoyante et non interrompue. Malheureusement les villes favorisées par la nature, en devenant les centres du plaisir, deviennent parfois ceux de la dissolution, et sous le régime turc, Blida la parfumée avait mérité le surnom de la Kaba (la courtisane).

Avant de quitter Blida, l'Empereur alla visiter le haras, puis il se dirigea vers les gorges de la Chiffa, que traverse la route conduisant à Médéa.

---

(1) Blida, en arabe *El-Boleida*, petite ville.

Ce site pittoresque est un des plus célèbres de l'Algérie. Nous en emprunterons la description à l'excellente correspondance du *Moniteur* :

« Ces gorges sont splendides ; mais ce qui fait surtout leurs beautés, ce sont moins ces cascades à pic serpentant le long du roc et se perdant écumantes dans le torrent, cette route suspendue sur l'abîme dominée elle-même par des montagnes desquelles semblent se détacher des blocs énormes ; c'est moins l'imprévu du panorama, qui se modifie à chaque tournant de route, que le changement d'aspect, de pays, de climat, qui se fait sans transition aucune.

« Après la plaine de la Mitidja, plaine fertile, mais nue, qui ne laisse apercevoir que de loin en loin quelques massifs d'arbres, on se trouve transporté presque comme par enchantement à travers la gorge si fraîche de la Chiffa, qui semble se resserrer sans cesse. Lorsqu'elle ne vous offre pas le spectacle effrayant d'un bloc surplombant la route et qui semble prêt à se détacher pour vous écraser, elle vous présente celui plus riant d'une cascade roulant le long des rocs, dans les interstices desquels une riche et puissante végétation s'élance vers les cieux : on dirait un énorme serpent d'argent courant à travers des herbes gigantesques ; certes, pour l'Algérie, c'est un spectacle rare. Presque à l'entrée des gorges, à deux cents mètres environ avant le 64ᵉ kilomètre, il existe au-dessous même de la route une grotte où la nature a prodigué ses merveilles : les stalactites et les stalagmites s'enchevêtrent ; une nappe d'eau limpide ne rappelle sa présence que par le clapotis des gouttes d'eau qui scintillent au plafond de cristal.

« L'abord de cette grotte est fort périlleux. Au tournant de la route qui se trouve immédiatement après cette curiosité peu connue, on se trouve en face de l'un des sites les plus charmants qui existent. Un ruisseau aux cascades multipliées et rapides descend bruyamment, au milieu d'arbres gigantesques, d'une montagne abrupte du galbe le plus agreste. Au pied de ce ruisseau, sur le bord de la route, se dresse une modeste auberge qui a pour enseigne ce libellé pittoresque :

Grande hautel
du Ruisseau des Singes
Tenu par Paul
Perrage
on sert à boire et à ma
nger à toutes heures du jour

« C'est dans cette auberge, sous une tonnelle naturelle, que le déjeuner de Sa Majesté avait été préparé. Je ne vous dépeindrai pas la joie des hôtes lorsqu'ils apprirent la bonne fortune qui leur advenait. L'Empereur, après être resté environ une heure dans ce ravissant coin de terre, remonta en voiture. »

Ajoutons, pour compléter cette relation, qu'avant de partir de la modeste auberge du *Ruisseau des Singes*, l'Empereur laissa des marques de sa munificence aux nombreux indigènes accourus pour l'acclamer.

Un pauvre Sénégalais, nommé Barka, reçut même les moyens de retourner dans son pays natal. Décrire sa reconnaissance serait impossible.

Pendant tout le parcours, les populations ne cessèrent d'accourir pour saluer Sa Majesté de leurs vivats enthousiastes. Ce furent d'abord les Mouzaïas, puis les Ouzenas, enfin les goums de l'ancienne province de Titery.

Il suffit d'avoir feuilleté l'histoire de la conquête algérienne pour se rappeler que les tribus dont nous venons de citer les noms comptaient autrefois parmi les plus acharnés de nos ennemis. L'accueil bruyant et sincère qu'elles firent à Sa Majesté montre combien les temps sont changés et prouve aux pessimistes de mauvaise foi que désormais les rudes peuplades algériennes ont accepté sincèrement la domination française, surtout depuis qu'elle est représentée par le plus juste, le plus éclairé et le plus glorieux des souverains.

Enfin on aperçut Médéa avec ses jolies maisons couvertes en tuiles et les minarets de ses mosquées étagés sur le versant d'un vaste plateau. Sa Majesté fut reçue par le général Ducrot et par le maire, M. Dubois. Après la réception des autorités eurent lieu la revue et le défilé de la garde nationale à cheval, des goums, des spahis, des gardes nationaux et du 34ᵉ de ligne.

L'Empereur monta ensuite à la citadelle et put jouir du panorama grandiose que présente ce pays.

Au sortir des régions inférieures couvertes des

plantes étranges des zones brûlantes, on ne peut s'empêcher de contempler avec délices la végétation qui entoure Médéa et qui rappelle la France. Sur ce plateau les ormes sont très-nombreux; les environs, d'ailleurs charmants, sont couverts de vignobles qui donnent des vins déjà renommés et dont la qualité s'accroît tous les jours. Les récoltes des céréales sont magnifiques, ainsi que celles des fruits. La fertilité du terroir est si bien passée en proverbe que le marabout voyageur Sidi-Ahmed-ben-Youssef, dont nous avons déjà parlé, avait coutume de dire en son langage imaginé : « *Médéa est une ville d'abondance, si le mal y entre le matin, il en sort le soir.* »

L'Empereur se promena dans les différents quartiers de la ville et visita les principaux établissements publics. Nous laisserons *le Moniteur* décrire la réception qui lui fut faite par la population.

« ..... L'Empereur a été constamment acclamé avec enthousiasme. Depuis le moment de son arrivée jusqu'à une heure très-avancée de la nuit, la foule n'a cessé de stationner sur la place d'Armes et dans les rues avoisinantes. Vers huit heures, un brillant feu d'artifice a été tiré, toutes les rues ont été illuminées; une quadruple ligne de lanternes de couleurs entourait la place d'Armes de ses guirlandes enflammées. Les fenêtres du Cercle, situées en face de la subdivision, se sont éclairées aux lueurs des feux de Bengale.

« Le spectacle était véritablement splendide, et Sa Majesté s'étant mise à la fenêtre pour en jouir, un immense cri de *Vive l'Empereur!* poussé par des milliers de voix, est venu résumer les sentiments qui débordaient de tous les cœurs. Au même moment on exécutait une magnifique retraite aux flambeaux. Des spahis vêtus de leurs manteaux rouges portaient des torches enflammées dont les lueurs, se projetant sur les spectateurs et se mêlant à l'éclat des illuminations, contribuaient à donner à cette scène imposante un cachet véritablement grandiose.

« Le lendemain 12, à huit heures et demie du matin, Sa Majesté quittait Médéa au milieu de nouvelles acclamations. Elle était de retour à Alger vers trois heures, après avoir visité, chemin faisant, les mines de cuivre de l'oued Merdja, dont l'entrée avait été brillamment décorée et ornée d'un arc de triomphe, au pied duquel étaient disposés les divers attributs de l'industrie métallurgique. »

DÉPART POUR ORAN

L'Empereur avait complété le cercle des excursions qu'il avait projetées dans la partie la moins montagneuse de la province d'Alger. Sa Majesté, désirant se rendre compte par Elle-même de l'état des choses dans toutes les subdivisions de la colonie, commanda immédiatement le départ pour Oran, remettant à son retour le voyage au fort Napoléon.

DEUXIÈME PARTIE

ORAN

ARRIVÉE DE L'EMPEREUR

Le 14 mai, à midi et demi, une batterie de montagne postée sur la promenade de l'Étang, annonça que l'escadre cuirassée doublait le cap Fermat. Aussitôt la ville se remplit d'un tumulte joyeux. Les troupes s'échelonnèrent sur le trajet que devait suivre le cortége impérial, et une foule frémissante, aux vêtements variés, mais tous pittoresques, se pressa sur chaque point d'où l'on pouvait découvrir avec netteté le navire qui portait Sa Majesté.

De la pleine mer, la vue était magnifique; Oran, bâtie sur les deux flancs d'un ravin auquel la ville doit son nom (1), semblait une vaste ruche mise en

---

(1) *Ouahran*, la coupure, en arabe.

rumeur par l'arrivée de l'abeille souveraine. Les groupes étaient surtout agglomérés sur la promenade de l'Étang, qui fait face à la mer et domine complétement la rade.

L'escadre approchait avec la rapidité majestueuse qui appartient à ces citadelles mouvantes, les vaisseaux cuirassés. En travers de la baie, les navires se rangèrent en bataille, et *l'Aigle*, se détachant de l'escadre, s'avança jusqu'à l'entrée du port, où Sa Majesté débarqua.

Nous laissons la parole au correspondant du *Moniteur*, qui a rendu compte de l'arrivée à Oran avec son exactitude et son élégance accoutumées :

« Tandis que l'Empereur prenait terre, la flotte s'enflamma ainsi que les batteries des forts, et alors eut lieu le formidable concert des voix de bronze. Le tableau était admirable : d'un côté, la mer, la côte dénudée mais majestueuse dans sa nudité, les vaisseaux cuirassés sombres et graves; de l'autre, la ville pavoisée joyeusement, coquette, et du sein de laquelle s'élèvent les clameurs d'une population en fête.

« Sur tout le parcours que devait suivre Sa Majesté, la population avait dressé des arcs de triomphe. Parmi les plus remarquables, je citerai celui de la société ouvrière de la province, qui était soutenu par une colonnade d'un style élégant et orné de deux trophées d'outils artistiquement dressés. L'arc de triomphe élevé par la colonie espagnole avait un caractère d'originalité spécial. Les drapeaux de

France et d'Espagne entremêlaient leurs couleurs. Sur le fronton on lisait :

A *Napoléon III*
La colonia espanola agradecida (1).

« Puis, sur une élégante écharpe pourpre, qui s'arrondissait sous la voûte, les cris nationaux de :

Viva el Emperador!
Viva la Emperatriz!
Viva el Principe Imperial!

« Sur la colonnade du monument, on voyait les inscriptions suivantes, plus éloquentes dans leur laconisme pour la colonisation algérienne que les discours les plus longs. A droite, on lisait :

30 mil Espanoles
en la provincia
de
Argel,

avec le millésime de 1831, date de l'occupation d'Oran par les Français. Sur le côté gauche et faisant pendant, on lisait :

32 mil Espanoles
en la provincia
de
Oran.

---

(1) *A Napoléon III,*
La colonie espagnole reconnaissante.

Puis venait le millésime de 1509, date de l'occupation espagnole, qui dura environ trois cents ans.

« Au débarquement, Sa Majesté fut reçue par M. le général Deligny, commandant la province, M. Ch. Brosselard, préfet du département d'Oran, et M. Carité, maire de la ville.

« La municipalité avait fait dresser sur le quai un élégant pavillon, sous lequel Sa Majesté fut aranguée, puis le cortége se mit en marche à travers une foule compacte qui ne cessa de l'acclamer jusqu'à la résidence. Sur la place d'Armes, l'Empereur fut salué par quatre cents voix enfantines : c'étaient de charmantes petites fillettes, dont la plus âgée n'avait pas douze ans.

« Elles étaient réunies dans une élégante tribune, toutes vêtues de blanc et parées de rubans bleus, agitaient dans leurs petites mains des bouquets de roses et criant de toute la force de leurs poumons : *Vive l'Empereur! vive l'Impératrice! vive le Prince Impérial!*

« A l'entrée de la promenade de l'Étang, l'Empereur mit pied à terre pour visiter une exposition en plein air des produits de la province. Sa Majesté, après avoir examiné avec intérêt cette exposition improvisée, remonta en voiture, et, longeant cette magnifique promenade, se rendit au Château-Neuf au milieu de l'affluence croissante de la population et des vivat enthousiastes de la foule.

« Aussitôt son entrée au château, Sa Majesté daigna recevoir les autorités civiles et militaires, puis la foule se répandit dans la ville aux cris de *vive l'Empereur !* »

A cinq heures de l'après-midi, Sa Majesté, accompagnée du général Fleury, parcourut la ville. La population d'Oran, infatigable dans son enthousiasme, ne cessa d'affluer sur le passage de l'Empereur, qui sembla remarquer beaucoup l'effet produit par la grande diversité des types répandus dans la ville. Dans un même groupe, on apercevait souvent des juifs portant la lévite, le pantalon à pied et le bonnet noir; leurs femmes et leurs filles couvertes de robes damassées d'or et de soie; des Espagnols vêtus de culottes blanches, d'une couverture de laine rouge et portant le foulard bigarré pour coiffure ; des *manolas*, vives et enjouées comme à Madrid ou à Tolède, mais ayant abdiqué pour la plupart le pittoresque costume national; enfin les Maures aux gilets splendidement brodés, et les Arabes des tribus voisines, simples et superbes dans leurs longs vêtements blancs (1).

(1) Oran est une des villes les plus curieuses de l'Algérie, ayant conservé quelque chose de chacun des maîtres qui l'ont possédée avant nous. Nous empruntons à un publiciste distingué, M. Félix Mornand, un passage intéressant sur la physionomie de cette cité sous la domination castillane, c'est-à-dire au dernier siècle.

« La population, d'environ 3,000 âmes, ne se composait que d'Espagnols; il y avait en outre dans la ville 6 ou 7,000 hommes de garnison et un nombre à peu près égal de *presidarios*, galériens employés aux travaux de fortification. Un labeur de galérien peut seul expliquer, en effet, une telle débauche de moellons, un pareil luxe de bâtiments. Soldats, forçats et habitants s'entendaient au reste à merveille. Les uns et les autres se faisaient la vie très-douce. Les soldats ne veillaient pas sur les forçats, qui s'en allaient, toutes les fois que la

Le soir, une illumination magnifique embrasa la ville, et les clameurs délirantes de la foule s'élevèrent incessamment autour du château.

RÉCEPTION DU CAÏD D'OUCHDA. — EXCURSION A MISSERGHIN

Le 15 mai, dans la matinée, Sa Majesté reçut en audience particulière le caïd d'Ouchda, qui lui remit au nom de son souverain, l'empereur du Maroc, un présent composé de trois chevaux magnifiques, de deux fusils et de deux sabres. L'envoyé marocain déclara au nom de son gouvernement que le désir le plus ardent de son souverain était de maintenir des relations étroitement amicales avec la France. Sa Majesté accueillit avec bienveillance l'envoyé intime de l'empereur du Maroc. Le matin même, le yacht *la Reine-Hortense* avait appareillé pour aller prendre à Tanger une autre députation marocaine.

L'Empereur daigna inviter à déjeuner le caïd

---

fantaisie leur en prenait, grossir le nombre des renégats espagnols au Maroc, où l'on trouvait des villes entières peuplées de ces réfugiés. Les forçats épargnaient aux soldats toute fonction autre que celle de faire la sieste et de fumer la cigarette. Les bourgeois fraternisaient humainement avec ces deux classes intéressantes de l'ordre social. Cette touchante fusion ne contribuait pas peu à rendre Oran ce qu'elle était, un véritable lieu de délices, s'il faut en croire du moins ce que disent les chroniques contemporaines. Nuit et jour, à ce qu'elles rapportent, ce n'était dans la ville que jeux, collations, danses, comédies, courses de taureaux et sérénades sous les fenêtres. On avait surnommé Oran la *corte chica* (la petite cour). C'était un bagne de plaisance. »

d'Ouchda et un certain nombre de fonctionnaires arabes. Voici les noms de ces chefs indigènes :

Si-Ahmed-ben-Daoudi, caïd d'Ouchda ;
Si-Mohamed-ben-Daoud, aga des Douairs ;
Si-Mohamed-ben-Aouli, aga des Gharaba ;
El-Hadj-Abdelselam, aga des Ghossels ;
Ali-ben-Riah, aga des Oulad-Riah ;
Abd-el-Kader-ben-Daoud, aga de la Yacoubia ;
Si-Ahmed-ben-Ahmed, caïd des Beni-Ournid ;
Si-Hamza-ben-Rahal, caïd des Trara ;
Si-Mohamed-ben-Abdallah, aga des Djebel du Sud ;
Merabot-ben-Mezian, caïd des Ouled-Mimours ;
Mohamed-ben-Moustafa, aga des Hamyan ;
Mohamed-Ould-el-Hadj-Ali, aga des Hachem-Gharaba ;
Baghdad-ben-Garnia, caïd ces Oulad-Aïssa-bel-Abbès ;
Djilali-ben-Afeghoal, caïd des Oulad-le-Krend.

A midi, l'Empereur monta en voiture avec S. E. le maréchal de Mac-Mahon, le général Fleury, sénateur, et le général Deligny, commandant la division d'Oran, pour visiter Misserghin en passant par la Senia.

Une foule considérable stationnait dans les rues d'Oran pour acclamer l'Empereur et l'accompagner jusqu'au dehors de la ville.

A l'entrée de la route de la Senia se dressait un majestueux arc de triomphe, au fronton duquel se lisait l'inscription suivante :

Les habitants de Saint-Antoine à Napoléon III.

« La plaine de la Senia qui s'étend aux portes d'Oran est d'une fertilité admirable, et jamais la puissance de la colonisation ne s'est affirmée d'une manière plus concluante que dans ce territoire qui était envahi, il y a quelques années à peine, par le palmier nain. En effet, à côté des zones de culture et juxtaposée, on voit la plante parasite qui n'a pas été encore extraite. Ici, on voit les vergers les plus riches, les jardins à la végétation luxuriante, les vignobles les mieux plantés, les potagers aux produits merveilleux ; là, à quelques pas, les champs de palmiers nains, la terre aride en apparence, l'infertilité. Que la main de l'homme remue cette terre à l'aspect ingrat, et les merveilles de la culture surgiront comme par enchantement.

« Sa Majesté fut frappée de ce contraste.... La route que l'Empereur suivit jusqu'au petit village de la Senia est bordée sur un parcours d'au moins huit kilomètres d'une double rangée de mûriers. Tous les portails des maisons de campagne et des fermes qui donnent sur cette route étaient joyeusement pavoisés et enguirlandées, et chaque colon avait exposé à la porte de sa demeure les produits de son exploitation : De temps à autre, on lisait au-dessus des portes d'entrée des inscriptions semblables à celles-ci :

Un colon de 1831
à Sa Majesté Napoléon III.

—

L'Algérie régénérée en 1865.
Dieu protége l'Empereur!

et c'était la bêche sur l'épaule et entouré de ses enfants que le cultivateur oranais acclamait l'Empereur à son passage. C'est au milieu de ces ovations partielles, mais incessantes, que Sa Majesté est arrivée à la Senia, où elle a été reçue par le conseil municipal.

« De ce point l'Empereur s'est dirigé par un chemin de traverse vers Misserghin. C'était toujours la plaine, mais la plaine inculte, envahie par le terrible palmier nain; toutefois de temps à autre, au milieu de ce désert à l'aspect sauvage, apparaissait un superbe champ de blé, un carré de vignes : c'était de la terre conquise par le travail, c'était l'œuvre d'un courageux pionnier qui venait modestement saluer le souverain à la tête de son champ. »

A l'entrée du village, Sa Majesté fut reçue par le maire et le préfet. Les jeunes filles vêtues de blanc souhaitèrent la bienvenue à l'Empereur, et le cortége impérial se dirigea vers la place du village où l'on avait improvisé une exposition des produits de la commune. L'attention de Sa Majesté fut particulièrement attirée par une magnifique gerbe de blé dont les épis étaient d'une dimension colossale, la semence dont ils provenaient avait été trouvée dans un tube placé au fond d'un tombeau romain, à Cherchell, l'ancienne *Julia Cesarea*.

Avant de rentrer à Oran, l'Empereur alla visiter la ferme et la bergerie modèle où M. Bonfort entretient douze cents têtes de bêtes à laine, de race mérinos ou indigène.

A six heures, Sa Majesté effectuait son retour à Oran.

Le soir, un grand dîner réunissait autour du souverain des fonctionnaires civils et militaires et les notabilités de la colonisation.

Comme la veille la ville fut splendidement illuminée, et la foule stationna pendant toute la soirée autour du Château-Neuf, acclamant le souverain toutes les fois qu'il se montrait sur la terrasse de l'élégant pavillon que Sa Majesté habite.

VOYAGE A SIDI-BEL-ABBÈS

Le 16 mai devait être consacré à une visite à la ville de Sidi-bel-Abbès, très-intéressante par sa création récente et par l'importance de ses cultures. Nous emprunterons encore à l'*Itinéraire de l'Algérie* et à la correspondance du *Moniteur* des documents pleins d'intérêt sur l'histoire des localités visitées par le souverain.

« Sur les bords de la Mekerra se dressait la koubba du marabout Sidi-bel-Abbès. Le pays était dénudé ou couvert de palmiers nains et de jujubiers sauvages, et la vaste plaine qui entourait le blanc mausolée musulman avait un horizon sans limite, borné seulement au sud-est par les montagnes de Tessala. Le pays à l'aspect aride, était parcouru par la grande tribu des Beni-Ameur, tribu toute dévouée à l'émir Abd-el-Kader et l'une des plus remuantes de l'Algérie à cette époque-là.

« Le 17 juin 1843, le général Bedeau, à la tête d'une colonne d'observation, vint poser son camp sur la rive droite de la Mekerra en face de la koubba du marabout, et il y fit construire immédiatement une redoute qui devait servir de base d'opérations au général français dont les colonnes volantes rayonnaient sur le territoire occupé par les puissantes et riches tribus qui formaient la confédération des Beni-Ameur. C'est sur l'emplacement même tracé par le camp du général Bedeau que s'est élevée la ville de Sidi-bel-Abbès.

« Sidi-bel-Abbès, comme toutes les villes de l'Algérie, a subi son baptême de sang ; cependant son histoire militaire est courte : le 30 janvier 1845, la redoute de Sidi-bel-Abbès avait été laissée en garde aux malades et aux convalescents, et la partie valide de la colonne qui opérait dans le pays s'était portée chez les Beni-Sliman. Vers midi, soixante pèlerins en haillons et le bâton à la main se présentèrent à l'entrée de la redoute, après avoir accompli leur dévotion au marabout. Leur aspect inoffensif, la façon humble avec laquelle ils se présentent n'éveille nullement la défiance des soldats, qui, croyant avoir affaire à de simples curieux, les laissent pénétrer au milieu du camp.

« A peine le dernier pèlerin eut-il franchi le seuil du réduit que toute la bande tira, de dessous ses burnous, des armes et se rua sur les malades étendus sous les tentes. Ce fut d'abord une affreuse mêlée, mais bientôt les malades, les convalescents et les infirmiers se rallièrent dans un ou deux coins de la redoute et firent face aux soixante fanatiques. Le combat fut acharné et dura environ deux heures; il se termina faute de combattants, car sur les soixante pèlerins cinquante-huit restèrent sur place, et les deux qui échappèrent au massacre allèrent porter la nouvelle de la défaite chez les Oulad-Brahim auxquels appartenaient les vaincus.

« A part ce fait militaire, l'histoire de Sidi-bel-Abbès est toute pacifique. Autour du camp vinrent se grouper des cantiniers, des jardiniers mahonnais ou alicantais et quelques ouvriers d'arts. Ce fut le premier noyau de la colonie.

« La plaine nue, aride, improductive, a disparu, et une ville brillante, prospère, entourée de vergers luxuriants, s'est élevée à la place de la redoute isolée. C'est cette citée florissante que S. M. l'Empereur alla visiter le 16 mai. Sa Majesté partit le matin vers huit heures au milieu d'une population enthousiaste qui l'acclamait dès l'heure matinale. Elle était accompagnée par S. Exc. le maréchal de Mac-Mahon, le général Fleury, sénateur, le général

Castelnau, le colonel Reil et les officiers de sa maison civile et militaire. Le cortége impérial prit la route de la Senia, contourna le lac Salé, passa à l'ancien camp du *Figuier*, célèbre aux premiers temps de la conquête, et arriva au premier relai, qui est établi au village de Valmy. Tandis qu'on changeait les chevaux de la voiture impériale, Sa Majesté fut haranguée par le maire de Valmy aux acclamations de la population européenne et des contingents arabes accourus de l'intérieur pour saluer le souverain et lui prouver par leur présence leur dévouement à son Gouvernement; car j'ai oublié de vous dire que la proclamation impériale a eu un écho immense dans les tribus et qu'il n'y a pas de douar où la parole du souverain n'ait été reçue comme une promesse de paix et de prospérité.

« En quittant Valmy, la colonisation européenne disparaît pour ainsi dire ; ce ne sont plus que de vastes étendues occupées par les populations arabes. Sur tout ce long parcours, les douars arabes étaient venus planter les tentes sur le bord de la route, et lorsque S. M. l'Empereur passait devant un de ces rassemblements nomades. Elle était accueillie par les vivat les plus frénétiques, les femmes faisaient entendre la *toulouil*, cri aigu de joie aux modulations stridentes, et les robustes filles de la tente venaient présenter à la portière de la calèche impériale le panier d'œufs et la jatte de lait de l'hospitalité, hommage intime de la famille. Sa Majesté accueillait avec bienveillance ces manifestations primitives, le cortége impérial passait rapide pour être salué à un autre tournant de route par une autre tribu, un autre douar.

« C'est au milieu de ces ovations échelonnées et spontanées que Sa Majesté arriva sur le territoire de de Sidi-bel-Abbès. Je ne saurais vous dépeindre l'effet de transition qui se produit; c'est plus que de l'étonnement, c'est presque de l'émotion. La végétation surgit subitement sans aucune préparation, on passe de l'infertilité apparente à la fertilité la plus robuste; les champs aux moissons dorées succèdent aux vergers touffus et aux vignobles verdoyants, l'abondance se développe sous toutes ses formes et se manifeste dans les produits les plus divers; c'est une véritable débauche de végétation, et l'esprit le plus complaisant a peine à se persuader que toute cette richesse agricole a été créée en quelques années et qu'elle est l'œuvre de nos braves colons arrivés ici sans autres ressources que les forces brachiales.

« C'est au milieu de cette oasis que se cache Sidi-bel-Abbès, ville régulière comme une cité américaine jetée au milieu d'un jardin féerique.

« Lorsque l'Empereur arriva à la porte de la ville, il y fut reçu par le général Jollivet, entouré des autorités civiles et militaires. Un majestueux arc de triomphe agreste, aux guirlandes de buis verdoyant, fait face à la route; sur le fronton, on lit :

La ville de Bel-Abbès à son fondateur (1).

---

(1) On sait que la ville de Sidi-bel-Abbès a été fondée en vertu d'un décret de Napoléon III.

« Le monument civique est entouré par toute une population enthousiaste qui acclame l'Empereur à son arrivée. La pompe officielle disparaît devant l'ovation populaire; ce ne sont pas seulement les Européens qui saluent le souverain bienveillant qui vient jusqu'au cœur de la colonie s'enquérir des besoins de chacun, ce sont encore les Arabes qui, confiants dans les destinées que leur prépare l'Empereur, mêlent leurs cris de bienvenue et le *toulouil* de leurs femmes aux manifestations européennes.

« Après avoir reçu les hommages de bienvenue, Sa Majesté se dirige au milieu d'une double haie formée par la milice, le 48ᵉ de ligne et le 10ᵉ bataillon de chasseurs à pied, vers l'hôtel de la subdivision, où Elle a établi sa résidence.

« La marche est fermée par les goums de la subdivision, les spahis et les hussards.

« Le défilé des troupes a eu lieu aussitôt l'arrivée, et immédiatement après Sa Majesté a daigné recevoir les autorités civiles et militaires et les notabilités locales.

« De cinq à six heures du soir, Sa Majesté sortit à pied de l'hôtel de la subdivision pour visiter la ville. La foule, sans désordre, se précipitait sur les pas de l'Empereur. Après avoir parcouru plusieurs rues brillamment pavoisées, le cortége impérial s'est dirigé vers la magnifique propriété de M. Bastide, qui est située aux portes de la ville. Sa Majesté parcourut avec intérêt cette splendide exploitation, puis Elle rentra à sa résidence.

« Le soir, la ville était brillamment illuminée, et l'excellente musique du 48ᵉ de ligne ajoutait à l'éclat de la fête, qui se termina par une retraite aux flambeaux de l'effet le plus pittoresque. Un peloton de spahis portant des torches ouvrait la marche, puis venaient les tambours et la musique du 48ᵉ de ligne et du 10ᵉ bataillon de chasseurs à pied. Les musiciens étaient éclairés par des lanternes vénitiennes que portaient des soldats au bout de roseaux flexibles. Les spahis fermaient cette brillante retraite.

« Depuis sa création, Sidi-bel-Abbès n'avait jamais vu pareille fête, et ce n'est que très-avant dans la nuit que la population cessa de parcourir les rues.

« Le lendemain, à sept heures, Sa Majesté quittait Sidi-bel-Abbès aux acclamations de la foule qui, comme la veille, se précipitait sur son passage. Au moment où l'Empereur quittait la ville, un violent orage éclata, et la pluie ne cessa pas jusqu'au Tlélat, où Sa Majesté se mit à l'abri dans une humble auberge et y déjeuna, à la grande joie des braves colons qui n'espéraient pas un pareil honneur.

« Après avoir séjourné environ pendant une heure et demie, l'Empereur reprit route vers Oran, où Sa Majesté arriva à deux heures, par un soleil splendide.

« Le soir, la population oranaise, qui ne se lasse pas de prouver à l'Empereur toute la joie qu'elle a à posséder dans la capitale de la province le souverain de la France, illumina brillamment la ville. »

EXCURSION A MERS-EL-KÉBIR

Le 18 mai, dans la matinée, l'Empereur décora plusieurs fonctionnaires civils et militaires. A onze heures et demie eut lieu la réception des ambassadeurs marocains amenés par le yacht *la Reine-Hortense*, et chargés de présenter les félicitations officielles de leur souverain à Sa Majesté.

L'Empereur avait décidé que cette journée serait employée à visiter le port de Mers-el-Kébir, la clef d'Oran du côté de la mer. De grandes manœuvres navales devaient avoir lieu à cette occasion.

DÉTAILS HISTORIQUES

Mers-el-Kébir, ou le grand port des Arabes, le *Portus divinus* des Romains, ville de 1,400 âmes, était en 1162 (557 hég.) un des arsenaux importants de la marine militaire de l'almohade Abd-el-Moumen. Les sultans de Tlemcen, au rapport de Léon l'Africain, y firent bâtir une petite ville vers le seizième siècle ; mais il est certain qu'elle fut construite par les Maures au temps de leur domination en Espagne, et alors les commerçants chrétiens de l'Aragon, de Marseille et des républiques italiennes venaient y débarquer leurs marchandises ou y chercher un refuge contre la tempête.

A la chute de Grenade et à la suite de l'expulsion des Maures de l'Espagne, Mers-el-Kébir devint un véritable nid de forbans, qui laissaient peu de repos aux navires de la chrétienté. Les Portugais, pour mettre un terme aux pirateries des musulmans, occupèrent une première fois Mers-el-Kébir, de 1415 à 1437, et une seconde fois de 1471 à 1477.

Le duc de Medina-Sidonia se présenta, en 1497, devant Oran et Mers-el-Kébir; mais, n'ayant pu s'en emparer, il se borna à la prise de Melilla, sur les côtes du Maroc.

Don Diégo Hernandez de Cordova débarque, en septembre 1505, à la plage des Andalous, située à l'ouest de Mers-el-Kébir, s'empare des hauteurs qui dominent cette place, la canonne pendant que l'amiral don Ramon de Cordova la démantèle du côté de la mer, et emporte la forteresse après un siége de cinquante jours, le 23 octobre 1505. Cordova fut nommé gouverneur de Mers-el-Kébir, dont la garde n'était pas sans péril, puisqu'on avait à repousser des attaques presque journalières.

Dans la nuit du 17 mai 1509, la flotte et l'armée du cardinal Ximenès arrivaient devant Mers-el-Kebir; Oran tombait le lendemain au pouvoir des Espagnols. Dès lors l'histoire de Mers-el-Kébir se confond avec celle d'Oran dans les différentes entreprises des Turcs contre cette dernière ville.

Après la prise d'Alger, et pendant les conférences entre le bey Hassen et le capitaine d'état-major de Bourmont pour la reddition d'Oran, le capitaine

Leblanc, commandant le brick *le Dragon*, débarqua avec son équipage et s'empara de Mers-el-Kébir, sans résistance de la part de la garnison. A la nouvelle de la révolution de Juillet, les Français se retirèrent de cette place, après en avoir fait sauter les fortifications du côté de la mer.

Lorsqu'enfin on voulut reprendre Oran, le général Damrémont s'installa, dès le 14 décembre 1830, dans les forts Saint-Grégoire et de Mers-el-Kebir ; de cette époque datent l'occupation définitive de ce dernier point et les travaux de réparations et d'agrandissement successifs qui font aujourd'hui de la citadelle de Mers-el-Kébir la gardienne du port et la sentinelle avancée d'Oran.

MANŒUVRES NAVALES

A deux heures et demie, l'Empereur arrivait à Mers-el-Kebir. L'escadre, aussitôt pavoisée, fit trois salves de toute son artillerie par feux de file précipités ; puis les chaloupes à vapeur, instantanément disposées, remorquèrent vers la plage les embarcations armées en guerre. Il s'agissait de simuler un débarquement sous le feu de l'ennemi.

Après quelques coups de canon tirés par les embarcations, elles jetèrent à terre les compagnies de débarquement, qui, rapidement formées en colonnes d'attaque avec leurs obusiers de montagne, investirent une batterie de la rade et l'attaquèrent vigoureusement.

Cependant Sa Majesté était entrée dans le port de Mers-el-Kébir, qu'Elle examinait dans les plus grands détails ; Elle se fit rendre un compte exact des sondages de la rade et demanda le détail des améliorations proposées pour rendre ce port l'un des plus sûrs de la Méditerranée. L'Empereur se retira très-satisfait de sa visite et rentra à Oran vers cinq heures.

Le soir, après le dîner, pendant lequel la musique d'amateurs d'Oran n'avait cessé de jouer de la manière la plus brillante, Sa Majesté se rendit au théâtre, où une gracieuse réception attendait l'Empereur. Toutes les dames de la ville en costume de bal et merveilleusement parées acclamèrent l'entrée du souverain par des vivat enthousiastes et charmants.

Les acteurs jouèrent une pièce en espagnol. Sa Majesté donna à plusieurs reprises le signal des applaudissements. Après avoir assisté à deux ballets fort originaux, l'Empereur se retira au milieu d'une ovation triomphale.

EXCURSION A SAINT-DENIS DU SIG

Le 19 mai, à huit heures du matin, l'Empereur partit d'Oran pour aller visiter Saint-Denis du Sig, situé à 52 kilomètres de la ville.

La chaleur était assez forte, mais le trajet se fit

rapidement, et après avoir longé la lisière de la forêt de Moulaï-Ismaïl, on atteignit la célèbre concession agricole.

Saint-Denis du Sig est une des merveilles de culture de l'Algérie, et il doit sa fertilité féerique à un barrage gigantesque de la rivière du Sig qui accumule constamment 3,275,000 mètres cubes d'eau. Pendant l'hiver, ce barrage assure la récolte de 2,000 hectares, et pendant l'été 800 hectares consacrés aux cultures industrielles sont fécondés et largement arrosés. Sa Majesté visita longuement ce travail et l'examina avec beaucoup d'intérêt.

La nappe d'eau ainsi retenue est tellement grande, qu'elle reflue à une distance de 4 kilomètres entre les massifs rocheux qui la bordent. C'est à quelque distance de ce barrage qui fertilise toute la contrée que se trouve établie la Société agricole *l'Union du Sig*, établie en 1846, et qui rivalise déjà avec les célèbres cultures de Bouffarick.

Sa Majesté était de retour à Oran à six heures du soir.

DÉPART D'ORAN. — MAZAGRAN

Le lendemain, l'Empereur partit d'Oran pour visiter Mostaganem et Relizane. La population de la ville était sur pied tout entière et montrait chaleureusement sa reconnaissance pour le souverain qui n'avait pas reculé devant les fatigues d'un long voyage, afin de s'informer par lui-même des besoins de l'Algérie. En cette occasion, comme dans toutes les autres, les indigènes rivalisaient d'éclatants vivat avec la population européenne.

D'Oran à Mostaganem la route est bordée de nombreux villages, quoique à certains endroits de vastes espaces envahis par le palmier nain annonce qu'il reste beaucoup à faire dans cette partie de nos possessions africaines. Partout l'Empereur s'arrêta pour accueillir les requêtes des colons et les interroger avec affabilité; mais la halte la plus intéressante se fit à Mazagran, village rendu célèbre par le beau fait d'armes du commandant Lelièvre.

Au-dessus de la route et dominant le village s'élève comme un témoignage glorieux la colonne commémorative qui est destinée à perpétuer le souvenir de la défense héroïque qui eut lieu du 3 au 6 février 1840, et qui est devenue légendaire en France et en Algérie. La colonne appartient à l'ordre corinthien; elle elle est surmontée de la statue de la France enfonçant une épée dans la terre de la main droite et tenant haut de la main gauche le drapeau national. Sur le socle on lit l'inscription suivante :

Ici les III, IV, V, VI *février* MDCCCXL
cent vingt-trois Français
ont repoussé dans un faible
réduit
les assauts d'une multitude
d'Arabes.

« Les abords de Mostaganem sont d'un aspect pittoresque ; de riches et puissantes cultures émaillent un terrain rocheux et mouvementé qui s'incline vers la mer. Toutes les hauteurs étaient occupées par la foule européenne et par les goums arabes, dont les silhouettes équestres se détachaient vigoureusement sur le ciel. Dès que la voiture impériale arriva à la hauteur de ces groupes, les cris de : *Vive l'Empereur! vive l'Impératrice! vive le Prince Impérial!* éclatèrent et accompagnèrent Sa Majesté jusqu'au milieu de la ville. Aux portes de la cité, l'Empereur fut reçu par le préfet d'Oran et le colonel Lapasset, commandant la subdivision de Mostaganem. La réception du souverain eut lieu sous un magnifique arc de triomphe autour duquel étaient groupées toutes les autorités civiles et militaires.

« La population indigène était plus nombreuse à Mostaganem qu'à Oran ; tous les Arabes des tribus à vingt lieues à la ronde étaient venus pour rendre hommage au souverain. L'empressement que les Arabes mettent à accourir au-devant de l'Empereur n'a pas seulement un but de curiosité, il est traditionnel, chez ce peuple fataliste, que la vue du sultan porte bonheur, non-seulement à celui qui le contemple, mais encore à la contrée entière à laquelle appartient le contemplateur. Aussi, au milieu de la cohue de la rue, entend-on souvent un Arabe implorer la complaisance d'un voisin, en lui disant : Par Dieu! je te somme de laisser arriver la bénédiction de Dieu sur moi! — Et le spectateur bien placé se recule à cette sommation pour ne pas priver un frère d'un bienfait dont il vient de jouir.

« Arrivé à l'hôtel de la sous-préfecture, où était établie la résidence impériale, il y fut reçu par M. Otten, sous-préfet de Mostaganem, et la jeune enfant de ce fonctionnaire souhaita la bienvenue au souverain en ces termes :

> « Sire, Mostaganem vous offre son hommage,
> Il espère qu'Allah bénira ce voyage.
> Ma taille est assortie à cette humble cité.
> Mais nos vœux, notre amour, notre fidélité,
> Nous les exprimons, Sire, avec la confiance
> Qu'ils sont dignes de vous et dignes de la France.

« A l'entrée de la rue qui conduit à la sous-préfecture, les habitants musulmans de Mostaganem, qui n'ont pas de mosquée, avaient élevé un arc de triomphe de style mauresque, tout recouvert d'armes précieuses ; l'ogive de l'arc était couronné par une pétition à l'Empereur, ainsi conçue :

« Le prophète a dit : — Que le salut soit sur lui, — Celui qui bâtit un temple à Dieu, Dieu lui bâtira une demeure dans son paradis.

« Que la victoire, la bénédiction (de Dieu), la paix et le bonheur soient sur notre maître l'Empereur Napoléon III. — *Amen.* »

« Pendant toute la journée, les abords de la résidence impériale furent inabordables ; une foule avide de contempler le souverain se pressait autour du palais et acclamait l'Empereur toutes les fois qu'il apparaissait au balcon.

« Le soir, la ville était splendidement illuminée et la jolie petite ville algérienne avait un aspect féerique. La municipalité n'avait d'ailleurs rien négligé pour marquer d'un éclat inaccoutumé le passage impérial : tandis que les illuminations et les musiques appelaient la population dans la rue, un spectacle gratuit était offert aux habitants. L'Empereur essaya de faire dans la soirée une promenade dans la ville ; mais la foule était tellement compacte et l'enthousiasme tellement bruyant, que Sa Majesté dut renoncer à ses projets. » (*Moniteur.*)

LES FLITTAS. — RELIZANE

Le 21 mai dans la matinée, l'Empereur partit pour aller visiter Relizane, ville de fondation récente, bâtie au milieu d'un des districts les plus fertiles de la province d'Oran.

A l'entrée de la ville eut lieu une scène touchante et qui devait avoir le plus grand retentissement dans la colonie. La grande tribu des Flittas entoura la voiture impériale et la sépara complétement de l'escorte, puis se précipita jusque sous les roues de la calèche, en poussant des cris d'abord incompréhensibles. Ce spectable était réellement émouvant, car la tribu récemment soumise réunissait près de quinze cents fusils. Les Flittas imploraient la grâce de leurs coreligionnaires internés en France à la suite des derniers troubles. Des vieillards, des femmes, des enfants dans les attitudes les plus humbles entouraient le souverain. Dans leur langage pittoresque de l'Orient, ils protestaient de leur dévouement futur, s'offrant comme otages de la parole donnée. L'Empereur, visiblement ému par cette scène de désolation, daigna accorder les grâces qui lui étaient demandées par toute une population.

Il fit annoncer aux Flittas, par l'intermédiaire du khalifat Sidi-Laribi que leurs coreligionnaires allaient être mis en liberté.

Cet acte de clémence n'a pas besoin de commentaires. Il parle de lui-même et prouve que les Arabes apprécient maintenant la grande âme du souverain, et qu'éclairés par sa magnanimité, fruit d'une immense force morale, ils fermeront désormais l'oreille aux excitations des imposteurs qui les ont si longtemps abusés. Implorer une grâce, c'est le plus solennel des serments de fidélité pour des natures généreuses comme celles des Arabes.

L'Empereur entra à Relizane au milieu d'une ovation qui tenait du délire. Le récit de son acte de clémence était dans toutes les bouches. Colons et indigènes s'unissaient pour louer dignement la paternelle bonté du souverain.

Sa Majesté visita dans le plus grand détail les cultures de Relizane, qui sont admirables. Le barrage permettant d'irriguer 25,000 hectares de terrain est un chef-d'œuvre et intéressa vivement l'auguste visiteur.

Après cette course de trente-quatre lieues, l'Empereur rentra à Mostaganem et daigna recevoir à sa table toutes les autorités militaires et indigènes. Après le dîner, Sa Majesté eut un assez long entretien avec chacun des invités.

Le soir, Mostaganem était brillamment illuminée, et les musiques militaires réunies firent une retraite aux flambeaux du plus bel effet.

DÉPART POUR ALGER

Au grand regret des populations de la province d'Oran, l'Empereur avait fixé la journée du 22 mai pour son départ. D'autres intérêts appelaient sa sollicitude. Sa Majesté voulait, avant de retourner en France, visiter les montagnes de Kabylie, Constantine, la frontière du Sahara, et ce bel itinéraire devait être achevé dans un temps relativement court.

L'Aigle partit donc de grand matin de Mers-el-Kébir pour aller chercher l'Empereur à Mostaganem. Le départ de Sa Majesté fut salué par les habitants avec un mélange de tristesse et d'enthousiasme qui sembla toucher vivement le souverain.

L'escadre cuirassée avait également appareillé pour servir d'escorte au yacht impérial. Un léger retard l'empêcha de se trouver devant Mostaganem à l'heure assignée. *Le Solferino* et les frégates rejoignirent *l'Aigle* à quelque distance d'Alger seulement.

Au petit jour, on était en vue du port après une navigation paisible, mais accompagnée d'une épaisse brume. La formidable artillerie des vaisseaux cuirassés tonna tout à coup, annonçant à la population d'Alger que son bien-aimé souverain était de retour dans le chef-lieu colonial.

A huit heures du matin, l'Empereur débarquait au milieu d'un immense concours d'Européens et d'indigènes empressés d'acclamer Napoléon III.

VOYAGE A FORT-NAPOLÉON

« Le 23 mai au matin, à six heures, Sa Majesté partit d'Alger, accompagnée du maréchal de Mac-Mahon, du général Fleury, du général Castelnau, du colonel Reille et des officiers de sa maison, auxquels était joint M. Urbain, conseiller rapporteur du Gouvernement, qui sert d'interprète à l'Empereur pendant son voyage. Le cortége prit la route de Fort-Napoléon. Malgré l'heure matinale, la population était sur pied, et bien au delà des portes de la ville l'Empereur fut accompagné par la foule, qui ne laisse échapper aucune occasion de manifester son dévouement.

« Au pont de l'Hanach, le maire de la commune de la Rassanta harangua l'Empereur au nom de toute la population rurale, qui affirmait les paroles de son représentant par les vivat les plus chaleureux. Au moment où la voiture de Sa Majesté s'ébranlait, une femme arabe fendait la foule et se précipitait vers l'Empereur, au risque de se faire fouler aux pieds par les chevaux. C'était une pauvre mère qui venait remercier le souverain d'un acte de clémence qui faisait sortir son fils de la maison de détention de l'Hanach. Après cet incident, qui avait vivement ému la foule, le cortége se mit en marche. Vers les onze heures, à la montée d'une côte, Sa Majesté mit pied à terre et choisit Elle-même sur les bords de la route le lieu de la halte pour le déjeuner.

« A quatre heures moins le quart, Sa Majesté arrivait à Tizi-Ouzou, poste militaire situé au milieu d'un pays extrêmement fertile qui domine le cours du Sebaou, qui arrose toute la vallée.

« A partir de ce point, on entre réellement dans la grande Kabylie, et il faudrait une plume de poëte pour décrire ce pays accidenté, aux sites imprévus, que l'on ne saurait mieux comparer qu'à la Suisse dans ses parties les plus pittoresques. Cette portion de la Kabylie, dont la population est aussi dense que celle des contrées les plus peuplées de l'Europe, est certainement un des plus beaux pays du monde. Il n'y a pas un pouce de terrain qui soit perdu, et partout où la main de l'homme peut atteindre le pays est admirablement cultivé. »

« Le Kabyle conquiert toujours sur le rocher, et depuis des siècles un travail gigantesque s'opère : aussitôt qu'une plate-forme se révèle au cultivateur berbère, vous le voyez y établir, à force de bras, une couche de terre, et quelques années après, si vous repassez à côté de la roche dénudée, vous y trouvez un jardin d'oliviers ou de figuiers suspendu aux flancs de la montagne comme un nid d'aigle. Souvent, pour aller à son champ aérien, le Kabyle est obligé de se faire amarrer et descendre le long des aspérités aiguës d'un précipice. Les montagnards kabyles sont les plus laborieux d'entre tous les Algériens. Excellents soldats non moins qu'artisans infatigables, ouvriers et agriculteurs, ils fourniront l'Algérie de colons précieux, et c'est déjà par milliers qu'ils viennent dans les plaines et les villes offrir le concours très-apprécié de leurs bras et de leur intelligence.

« Ce fut au milieu de cette forte et puissante population que S. M. l'Empereur traversa tout le pays tourmenté qui s'étend de la vallée des Isseux à Fort-Napoléon. Des villages supérieurs et inférieurs, une population calme et digne venait s'échelonner sur la route et se grouper pittoresquement sur les arêtes des rochers ou sous le couvert luxuriant des vergers. Lorsque la voiture impériale passait, tous ces hommes se découvraient silencieusement ; mais les cris de : *Vive l'Empereur!* parfaitement accentués éclataient, et la foule se précipitait derrière la voiture et suivait à toutes les allures. » (*Moniteur.*)

Sa Majesté témoigna son admiration à diverses reprises pour le pays magnifique que traversait le cortége. Plusieurs fois même, désireux d'examiner plus à son aise quelques sites pittoresques, l'Empereur descendit de voiture et gravit quelques montées. Il semblait se plaire à voir les cigognes suivre pas à pas les laboureurs poussant la charrue et les vautours planer dans les airs au-dessus du cortége.

Non loin du fort, le cortége impérial s'était arrêté à l'ombre de quelques oliviers. Apercevant un vautour qui reposait sur une branche, Sa Majesté désira le tirer et prit à un hussard de l'escorte sa carabine, que l'on chargea à balle; mais l'oiseau était loin; il laissa quelques plumes de son aile et disparut, heureux d'avoir échappé à l'adresse de l'auguste chasseur.

Fort-Napoléon est bâti sur un plateau élevé de plus de 800 mètres au-dessus du niveau de la mer, sur un emplacement qui servait autrefois de lieu de réunion à toutes les confédérations environnantes, et qui était connu sous le nom de Souk-el-Arbââ, le marché du mercredi. L'enceinte offre un développement de 2,000 mètres environ ; au centre s'élève la ville civile, qui est formée d'une centaine de maisons de colons.

S. M. l'Empereur fit son entrée dans la ville fortifiée le 24 mai à six heures et demie, huit ans jour pour jour, heure pour heure, après la soumission de la Kabylie à la France. Cette coïncidence ne manqua pas d'être remarquée par la population, qui l'inscrivit au fronton de l'arc de triomphe qui avait été dressé à 200 mètres de l'entrée du fort. A son arrivée, Sa Majesté fut reçue par le lieutenant-colonel Martin, entouré des officiers de la garnison et de tous les chefs kabyles.

De chaque côté de l'arc de triomphe, sur une estrade, étaient placés les enfants de la naissante colonie. Les jeunes filles présentèrent à l'Empereur des bouquets de fleurs et les jeunes garçons lui remirent une adresse des colons. Puis Sa Majesté se dirigea, au milieu des acclamations générales, vers la demeure du commandant supérieur. Le soir, un feu d'artifice tiré par l'artillerie de la place éclairait les cimes du Djurjura et tous les cantons de la vallée que domine Fort-Napoléon.

Le lendemain, jour de l'Ascension, Sa Majesté assistait au service divin dans la chapelle du fort et se remettait en route pour Alger, où le cortége arriva vers six heures du soir.

REVUE DE LA FLOTTE CUIRASSÉE. — ALLOCUTION DE L'EMPEREUR. — VISITE A BORD DE L'*ITALIA*.

L'escadre cuirassée italienne, composée de quatre frégates, s'était rendue dans le port d'Alger pour porter à l'Empereur les félicitations du roi Victor-Emmanuel, et pour évoluer à côté de l'escadre française, qui jouit d'une si haute réputation. Le contre-amiral Vacca eut l'honneur d'être reçu par Sa Majesté dans la journée du 25.

Le lendemain, l'Empereur avait résolu de passer en revue la flotte cuirassée et de distribuer des récompenses aux officiers et aux marins. Ce fut une solennité mémorable à plus d'un titre, et qui laissera un profond souvenir dans la marine.

Voici les détails de cette revue, d'après *le Moniteur de l'Algérie* :

« A quatre heures, Sa Majesté s'embarqua sur un canot impérial aux acclamations d'une population enthousiaste, qui s'était portée sur le rivage pour jouir du spectacle admirable que présentait en ce moment la rade d'Alger. Tous les navires étaient pavoisés, et les hommes, rangés sur les vergues, attendaient que le canot impérial se détachât du quai pour faire éclater leurs acclamations.

« Instantanément, toutes les frégates de l'escadre et les navires présents sur rade firent une salve de toute leur artillerie. L'Empereur se dirigea alors sur le vaisseau-amiral *le Solferino*. A mesure qu'il passait devant chaque navire, les équipages, massés sur les vergues, le saluaient de sept cris de : *Vive l'Empereur !* Sa Majesté étant arrivée à bord du *Solferino*, le vice-amiral Bouët-Willaumez, commandant en chef de l'escadre, vint la recevoir au bas de l'échelle. Les contre-amiraux étaient à la coupée, l'épée nue au côté, et tous les états-majors étaient groupés sur l'arrière. A ce moment la musique joua l'air national de la reine Hortense, et les mâles poitrines de nos vaillants matelots firent retentir l'air du cri sept fois répété de : *Vive l'Empereur !* Certes, s'il est une réception qui doive laisser un souvenir profond dans le cœur de Sa Majesté, c'est celle qui lui fut faite à bord du *Solferino*, car l'enthousiasme que sa présence fit éclater au milieu des états-majors et des équipages est au-dessus de toute description.

« Lorsque l'Empereur fut arrivé sur l'arrière du bâtiment, le vice-amiral lui présenta les officiers et les hommes auxquels Sa Majesté devait donner des récompenses. Cette présentation terminée, il lui adressa le discours suivant :

« Sire,

« C'est la première fois qu'un souverain traverse les mers et visite au milieu des fatigues de tout genre, pendant de longues semaines, une province éloignée de son empire, pour la vivifier de sa présence ; et c'est aussi la première fois qu'une flotte bardée de fer, due au génie de ce souverain, l'accompagne, formidable escorte d'honneur, avec une vitesse que nos pères n'auraient pas osé rêver pour les vaisseaux de combat. Sire, tous les officiers de cette flotte sont aussi fiers d'avoir coopéré à ce grand acte du règne de Votre Majesté qu'ils sont heureux des récompenses que veut bien leur accorder l'Empereur. *Vive l'Empereur ! Vive l'Impératrice ! Vive le Prince Impérial !* »

« Sa Majesté répondit :

« Amiral,

« Les récompenses que j'apporte sont peu de
« chose en raison des services rendus par la flotte.
« Je suis heureux de vous exprimer mes sentiments
« et ma reconnaissance pour les services que la

« marine a rendus au pays et de vous dire qu'elle a
« toutes mes sympathies. Je suis heureux d'avoir
« navigué avec cette belle escadre, et je suis sûr que,
« si des circonstances plus graves venaient à se pré-
« senter, elle se montrerait digne de la haute réputa-
« tion de la marine française. »

Ces nobles paroles de l'Empereur excitèrent un enthousiasme facile à comprendre pour ceux qui connaissent le prestige du nom de Napoléon III parmi les marins. Oui, la France peut compter sur sa flotte, car elle est non-seulement admirable par le nombre et la perfection de ses navires, mais encore par l'héroïque valeur de ses officiers et de ses équipages, doublement animés par l'amour de la patrie et par l'amour du souverain qui a maintenu si haut le pavillon national.

Sa Majesté quitta le *Solferino* à cinq heures, acclamée par les équipages sur les vergues et au bruit de l'artillerie de tous les navires de la rade. De là Elle se rendit à bord de la frégate *Italia*, où Elle fut reçue par l'amiral et tous les états-majors de l'escadre italienne. Complimentée par M. l'amiral Vacca, Sa Majesté a répondu en témoignant de sa sympathie pour la flotte du roi Victor-Emmanuel.

L'Empereur retourna ensuite à terre, salué une troisième fois par les salves de tous les bâtiments et par les hourras de tous les équipages.

DÉPART D'ALGER. — DÉBARQUEMENT A PHILIPPEVILLE. — ENTRÉE A CONSTANTINE

Le 27 mai, l'Empereur s'embarqua pour Philippeville. La population d'Alger montra son enthousiasme habituel ; mais un immense regret causé par le départ de Sa Majesté mêlait quelque chose de touchant aux témoignages de chaleureuse admiration qui éclataient de toutes parts. Si une pensée pouvait adoucir le sentiment de tristesse des habitants, c'était leur ferme espoir dans la sagesse de l'Empereur et la persuasion que le génie du souverain lui dicterait les mesures qui peuvent faire la grandeur de la colonie.

En partant, l'Empereur dit au maire d'Alger :

« Je pars avec une confiance entière dans l'avenir de l'Algérie et avec une foi profonde dans sa prospérité future. »

Paroles consolantes et grandes, prononcées par un souverain de race prophétique !

L'Aigle sortit du port d'Alger au milieu du bruit des vivat mille fois répétés de la ville et de la rade. Tous les bâtiments dans le port et les flottes cuirassées italienne et française en rade sont pavoisés. Les matelots sont sur les vergues et saluent l'Empereur de leurs hourras. Les salves d'artillerie des bâtiments et des forts leur répondent.

Une foule compacte, aux costumes les plus variés, garnit les quais, les rampes, les balcons et les terrasses en amphithéâtre jusqu'à la Kasbah. Un soleil splendide ajoute encore à la grandeur et à l'éclat de cet imposant spectacle. Les navires cuirassés italiens se joignent à l'escadre française pour escorter l'Empereur à Philippeville.

Le lendemain, à huit heures du matin, Sa Majesté débarquait à Philippeville au milieu de toute la population rassemblée sur le port. Le maire, le sous-préfet et toutes les autorités s'étaient empressés de venir au-devant de l'Empereur.

Philippeville est une charmante cité toute française et qui ne date que de 1836. Vue de la mer, son aspect est des plus attrayants; étendue au milieu d'un riche vallon, elle se mire dans la baie de Stora, alternativement entourée de rochers abruptes et de coteaux fertiles. Le commerce de Philippeville (liège et marbre) est déjà important; il doit se développer ecnore.

S. M. l'Empereur ne fit que traverser la ville, remettant à son retour l'étude des besoins de cette partie de notre colonie; puis elle prit la route de Constantine, qui court à travers une vallée admirablement cultivée et boisée. Partout les colons riverains avaient pavoisé l'entrée de leurs fermes et avaient aligné sur le bord de la route les instruments de travail. Saint-Antoine est le premier village que traversa Sa Majesté; il est situé à la tête de la riche vallée de Zeramna et compte environ 300 colons. En avant du village, l'Empereur passa sous un arc de triomphe formé des produits du chêne-liége, au fronton duquel on lisait l'inscription suivante :

A Napoléon III
Les concessionnaires de 132,000 hectares
de chênes-liéges.

La route de Constantine à Philippeville suit, presque dans tout son parcours, le tracé du chemin de fer, dont les remblais se dessinent déjà. Elle traverse plusieurs petits villages, entre autres Bizot, au milieu duquel s'élève une gracieuse église due à la munificence du Prince Impérial ; puis elle arrive dans les jardins de Hamma, quartier de plaisance de Constantine.

« Tous ces villages respirent l'aisance et sont entourés d'une ceinture de vergers luxuriants qui en font autant d'oasis au milieu du pays dénudé qui les environne. Il ne faudrait pas cependant déduire de là que le restant du pays est inculte. Au contraire, il est richement cultivé, et les vastes champs de blés qui dorent en ce moment les coteaux bordant la route sont un témoignage frappant de la fertilité du sol ; seulement l'œil court sans obstacle sur ces riches cultures, et il n'est arrêté que par les crêtes rocheuses des montagnes qui ferment l'horizon.

« Au moment où S. M. l'Empereur arrivait dans les

jardins de Hamma, qui commencent au treizième kilomètre avant Constantine, un violent orage éclatait sur la ville et répandait une pluie bienfaisante sur toute la contrée; les arbres poussiéreux reprirent leur verdure et la route, largement arrosée, devint douce comme une allée de parc.

« La ville de Constantine a l'aspect le plus fantastique qui se puisse rêver; elle est assise sur un rocher aux bords escarpés dont la base est rongée par le Rummel, cours d'eau turbulent qui, comme un fleuve américain, a des chutes de trente mètres; au milieu de sa course autour de la ville, il disparaît tout à coup dans un gouffre profond, puis reparaît un instant pour disparaître encore, et ce n'est qu'après avoir accompli une course vagabonde dans les entrailles de la terre qu'il revient sous le ciel refléter le roc à pic qui sert de piédestal à la ville.

« Rien n'est beau et grandiose comme ce spectacle, et ce n'est qu'en tremblant que l'on se hasarde à mesurer de l'œil ce torrent qui coule, en certains endroits, à une profondeur de cent quatre-vingt-dix mètres. Quant à l'intérieur de la ville, il faudrait un volume pour le décrire convenablement. Les démolisseurs européens n'ont pas encore mis la pioche dans le vieux quartier arabe, qui a conservé tout son cachet oriental. On retrouve là la petite boutique émergeant sur la rue, le marchand indigène détaillant contemplativement sa marchandise, l'industriel brodeur, sellier, orfèvre, forgeron, exerçant avec la méthode du siècle dernier. On croirait voir, en parcourant ces rues étroites, sombres, chevauchant les unes sur les autres, une de ces descriptions des *Mille et une Nuits*, un de ces quartiers que parcourait mystérieusement Aaroun-el-Rachid, suivi du fidèle Djafar.

« Le quartier européen a aussi son cachet spécial. La ville, enserrée par sa ceinture d'abîmes, n'a pas permis à la spéculation de créer de larges voies, et la transformation s'est bornée à asseoir des maisons européennes sur l'emplacement des constructions indigènes; il en est résulté un dédale de rues bien alignées peut-être, mais d'une étroitesse qui ne se marie pas avec la hauteur des habitations. Cela ressemble aux rues de Cadix, moins le luxe architectural.

« Les statistiques officielles portent le chiffre de la population à 35,000 âmes, chiffre dans lequel sont compris 27,840 Arabes. Comme on le voit, la population européenne disparaît, et le jour où Sa Majesté a fait son entrée dans la ville, on peut sans exagération porter à 50,000 le nombre des indigènes qui encombraient la vieille cité grecque.

« L'arrivée de l'Empereur avait un caractère grandiose qui ne saurait se reproduire dans aucune autre ville : le sommet du *Coudiat-Atty*, qui domine Constantine, était dessiné, sur le ciel orageux, par une ligne de cavaliers à cheval, l'arme au point; les lacets de la route qui descend vers le Rummel servaient de gradins à la foule bigarrée, et lorsque Sa Majesté arriva à mi-hauteur de la rampe, un rayon de soleil traversant les ondes humides perpendiculairement vint éclairer ce tableau d'une façon magique. Au fur et à mesure que la voiture impériale avançait, la population, qui s'était portée en avant pour saluer le souverain, venait grossir le cortége. A son arrivée à la porte Valée l'affluence était énorme. » (*Moniteur*.)

Sa Majesté passa d'abord devant l'arc de triomphe original élevé par la commune : c'est un imposant monument construit avec les produits de la province; des sacs de céréales, de laines et des ouvrages de sparterie forment la grosse œuvre, que surmonte un fronton hardi habilement érigé avec des produits plus légers. Sur un cartouche de laine noire se détachent en coton blanc le chiffre de l'Empereur et celui de l'Impératrice. Puis Sa Majesté s'arrêta sous l'arc de triomphe élevé par la population civile, où Elle fut saluée par toutes les autorités de la ville et haranguée par M. de Contencin, maire de Constantine, qui lui présenta les clefs de la cité. L'arc de triomphe érigé par les musulmans, du style mauresque le plus pur, eut la visite impériale; puis Sa Majesté franchit la porte Valée et arriva sur la place Nemours, sur laquelle s'élève le somptueux arc de triomphe dressé par les israélites. Ce n'étaient qu'étoffes de soie brochées d'or, lustres de prix, baldaquins de velours frangés d'or, rien de ce qui orne les intérieurs des plus considérables d'entre eux ne manquait là. C'est aussi qu'outre leur dévouement à la personne de l'Empereur ils voulaient attirer l'attention de Sa Majesté, à laquelle ils avaient quelques réclamations à adresser.

Dans un cartouche, on lisait :

*Aujourd'hui sujets,
les israélites émettent le vœu
d'être bientôt citoyens.*

Au milieu d'un autre :

Béni sois-tu en entrant !

« Ce n'est qu'avec beaucoup de peine et au pas que le cortége impérial se dirige vers le palais en suivant la rue de France, une des artères les plus importantes de la ville, et qui n'a cependant pas plus de quatre mètres de largeur. Les côtés de la voie sont occupés par toutes les écoles de la ville : ici ce sont les écoles européennes ; là les écoles indigènes ; l'attention est attirée par le groupe des jeunes filles musulmanes qui se drapent gracieusement dans leurs haïcks et qui obéissent avec docilité aux ordres de la maîtresse française qui les dirige. Aux fenêtres les étendards flottent, et toute une élégante population féminine acclame l'Empereur, qui salue de tout côté, débordé qu'Il est, si je puis m'exprimer ainsi, par cette ovation inaccoutumée qui vient le coudoyer jusque dans sa voiture, car la rue est si étroite que les roues frôlent des dames qui n'ont pu trouver place aux fenêtres.

« C'est au milieu de ces manifestations sympathiques que Sa Majesté atteint le palais, aux cris mille fois répétés de : *Vive l'Empereur! Vive l'Impératrice! Vive le Prince Impérial!* »

On ne saurait rien imaginer de plus beau que cette résidence due au caprice d'Hadj-Ahmed, dernier bey de Constantine. En la visitant, on croit aux splendeurs féeriques des *Mille et une Nuits*.

A l'extérieur la plus grande simplicité, à peine quelques fenêtres; la double porte basse et étroite peut livrer passage au plus à deux personnes de front. Mais une fois le seuil franchi, on marche de merveille en merveille. Si l'on n'est conduit par un guide, on se perd dans les méandres de cette habitation, dans les jardins, où l'oranger, le laurier-rose, les lis, poussent à côté du citronnier, du géranium ; des lianes tapissent toutes les murailles. Ces jardins remplacent les cours intérieures de nos maisons; ils exhalent une fraîcheur et un parfum enchanteurs, que l'on peut respirer à l'aise, assis sous une de ces galeries dallées en faïence qui règnent partout au sein du palais.

Il n'y a qu'un seul étage, et pourtant l'appartement est nombreux et vaste. En le visitant, on découvre à chaque instant un détail délicieux; on devient amoureux de ce luxe oriental, si varié, si coloré. La perle de l'écrin est le salon d'été, où le jour arrive tamisé par les mille arceaux de couleur qui forment l'une des parois. D'élégantes colonnettes de marbre blanc supportent le plafond à solives, et une balustrade légère, flanquée de vases chargés de fleurs, la ferme du côté de la galerie qui dessert les principaux appartements.

Ouvrant sur le salon se trouve la salle d'armes, joyau remarquable encore, où sont déposés les trophées enlevés à l'ennemi depuis l'occupation de l'Algérie. Elle est toute glaces et faïences, avec un petit enfoncement dont le demi-jour est on ne peut plus favorable à la rêverie.

Les portes, les contrevents sont des merveilles de sculpture, ainsi que les cinq colonnettes tout en marbre qui s'élèvent du sol au milieu de la salle.

On compte dix trophées d'armes précieuses, finement ciselées, de tambours, de tamtams et de fanions. Au-dessous de chacun est clouée une petite pancarte où sont inscrits les noms des combats où les armes ont été prises, ceux des généraux qui ont dirigé les affaires et des officiers qui s'y sont distingués.

Deux plaques de marbre incrustées dans la muraille contiennent les noms en lettres d'or des généraux qui ont commandé la division de Constantine.

A peine descendu de voiture, l'Empereur, qui semblait infatigable, reçut les corps constitués de la ville.

EXCURSIONS DE SA MAJESTÉ

Le soir, Constantine brillamment illuminée offrait un aspect féerique. Ce n'est point un mot banal, et nulle description ne peut donner une idée de l'effet produit par cette débauche de lumière qui inondait tous les quartiers de la ville et qui en faisait ressortir les constructions pittoresques. Malgré les fatigues de la journée, Sa Majesté, accompagnée du maréchal duc de Magenta, du général Fleury et des officiers de sa Maison, fit une longue promenade à travers les rues de la ville. L'ovation de la journée se répéta plus chaleureuse encore, et c'est aux cris d'enthousiasme de la foule que l'Empereur rentra vers dix heures au palais.

Le 29 mai, l'Empereur monta en voiture à trois heures de l'après-midi, après avoir passé toute la matinée à étudier les questions locales. Sa Majesté alla visiter la minoterie, qui se trouve au fond du Rummel, et, en remontant, admira beaucoup les sites magnifiques qu'offrent les environs de Constantine. Près du pont d'El-Kantara, jeté sur le gouffre avec tant de hardiesse, l'Empereur examina avec attention l'emplacement de la gare du chemin de fer qui sera un si grand bienfait pour cette partie de l'Algérie.

L'Empereur rentra à pied à Constantine, où les indigènes lui firent un accueil sans précédents : c'était plus que des vivat, c'était une ovation comme les mœurs européennes ne sauraient en admettre; c'était toute une nationalité se courbant devant le vainqueur et mettant toute sa foi dans sa justice. Ce fut au milieu de ce grand concours d'indigènes que Sa Majesté se rendit à la halle au blé, où Elle fut reçue par la chambre de commerce qui, après lui avoir fait visiter le monument récemment construit, lui remit plusieurs adresses exprimant les désirs de la population européenne, adresse que Sa Majesté accueillit très-gracieusement.

Le retour au palais se fit au milieu d'une affluence exclusivement européenne à laquelle, vu l'étroitesse des rues déjà occupées, les Arabes ne purent prendre part.

A neuf heures du soir, Sa Majesté réunit dans un grand dîner toutes les autorités civiles et militaires de Constantine.

DÉPART POUR BATNA. — ENTHOUSIASME DES GOUMS. — BATNA

Le 30 mai, à six heures du matin, Sa Majesté partit pour Batna, escortée par la population de Constantine, qui le reconduisit triomphalement jusqu'aux portes de la ville.

Il est impossible de peindre le magnifique aspect que prend la terre algérienne au sud de Constantine. Là commence le désert avec ses grandes lignes et son horizon enflammé.

Ce sont d'abord les steppes que couvrent d'immenses troupeaux paissant à côté des douars, où l'Arabe indolent repose sous son gourbi; puis des plaines immenses, arides, que bornent des montagnes bleues et que sillonne un fleuve au lit desséché.

A Aïn-Melila, où commencent les hauts plateaux, les

Arabes des tribus voisines s'étaient assemblés pour faire à l'Empereur la réception la plus splendide et la plus pittoresque.

Plus de cinq mille tentes étaient campées sur le bord de la route. Le chefs de famille, au nombre de près de mille, attendaient, en armes et à cheval, l'arrivée de Napoléon III. Lorsque Sa Majesté déboucha dans la plaine de Melila, les goums arabes se portèrent au-devant d'elle à toute vitesse. Ici nous laissons encore la parole à la correspondance du *Moniteur*, à la fois si fidèle et si pittoresque :

« Tandis que les cavaliers se dirigeaient vers le cortége impérial, les fantassins, groupés autour des troupeaux de chameaux et de moutons, poussaient des vivat auxquels répondaient les cris de joie des femmes et des enfants groupés au seuil des tentes.

« Jamais spectacle aussi grandiose n'avait frappé notre vue : toute la famille arabe était là, telle qu'elle existe depuis des milliers d'années ; toutes les civilisations du monde sont passées à côté d'elle sans la voir, et elle, dédaigneuse, les a laissées passer sans rien changer à ses mœurs, vivant de la vie des ancêtres et transmettant par les traditions les âges bibliques. Cependant cette réunion des Arabes Cheragas, R'rabas et Zemoul avait un caractère politique spécial ; ces populations ne venaient pas simplement saluer le vainqueur en vaincus, elles venaient acclamer le souverain magnanime qui se rendait au milieu d'elles pour s'inquiéter de leurs besoins, de leur avenir, et pour les faire participer aux bienfaits d'une civilisation avancée.

« Toute la famille arabe, pour la première fois, acclamait un souverain chrétien avec enthousiasme; pour la première fois, elle comprenait que ce n'était pas un conquérant exigeant qui venait au milieu d'elle pour lui faire sentir le poids de sa puissance, et elle saluait par des acclamations sincères celui qui venait lui apporter des paroles de paix et des promesses de prospérité pour un avenir prochain. Cette population primitive avait déployé pour recevoir l'Empereur tout le luxe de la tente; elle était venue là avec les trésors qu'elle cache habituellement, avec ses femmes, ses enfants, ses vieillards, ses troupeaux. Cette manifestation est chose unique dans les annales musulmanes. Une magnifique tente en poil avait été dressée au milieu du campement; le sol était recouvert par des tapis du Sud, et un seul sofa ornait l'installation saharienne : c'était la salle de réception. A quelques pas en arrière se dressait un *guitoun*, petite tente de guerre en toile doublée de damas, dans laquelle on avait établi un lit de repos pour l'Empereur.

« Lorsque l'Empereur arriva, escorté par les goums qui s'étaient portés au-devant de lui, il fut salué par les acclamations des trois tribus, et les cavaliers brillants commencèrent ce tournoi d'adresse et d'agilité si connu aujourd'hui sous le nom de *fantasia*. A chaque passe, le *toulouil* des femmes se faisait entendre plus aigu et plus strident lorsqu'il s'adressait soit à un chef puissant, soit à un cavalier accompli. Dans cette joute qui simule la guerre, l'Arabe met tout son amour-propre ; il est fier, le cavalier qui a dépassé son partner en lançant son long fusil et en le rattrapant au vol ; et dans la plaine de la Melila l'émulation était grande, car la présence de l'Empereur surexcitait la hardiesse de chacun. Pendant tout le temps que dura la fantasia, Sa Majesté se tint seule en avant de la tente ; sur le second plan étaient groupés le maréchal de Mac-Mahon, le général Fleury, le général Castelnau, le colonel Reille et tous les officiers de sa Maison.

« Aussitôt que cette fantasia fut terminée, un nuage de poussière se forma à l'extrémité de la plaine ; c'était une caravane en marche ; les chameaux portant les palanquins renfermant les femmes défilaient lentement, escortés par les fantassins armés en guerre ; les djeliba, troupeaux de moutons, suivaient, dirigés par les pâtres presque nus, et la marche était fermée par quelques cavaliers gardiens des trésors de la tribu nomade. A peine la caravane eut-elle dépassé la hauteur de la tente impériale, que de grands cris éclatèrent dans l'air et un goum en incursion fondit sur la proie facile pour la *razen*. Alors eut lieu un spectacle étrange, que le pinceau seul est apte à reproduire, une mêlée pittoresque dans laquelle se confondaient assaillants et assaillis, et que vint compléter l'arrivée des guerriers de la tribu attaquée.

« Ce spectacle intéressa vivement Sa Majesté. Aussitôt que ce simulacre de razzia fut terminé, une scène plus patriarcale eut lieu; les Arabes vinrent en grande pompe présenter la *diffa* au souverain : plus de cent Arabes, portant des plats de bois de hêtre pleins de couscous et des moutons rôtis embrochés à de longues perches, vinrent se placer devant l'Empereur et lui offrirent l'hospitalité. Sa Majesté daigna accepter ce symbole de soumission en faisant transporter sous sa tente un plat de couscous. Après avoir pris deux heures de repos, Sa Majesté monta en voiture et continua sa route vers Batna. Partout sur son parcours Sa Majesté fut acclamée par les populations, qui étaient venues s'échelonner sur son passage. »

Batna est une ville de construction toute française et toute militaire. Elle a été élevée en 1844, et son aspect ne présente rien de bien remarquable.

A son arrivée, Sa Majesté fut accueillie avec un grand enthousiasme par les colons, qui n'osaient espérer une aussi auguste visite. La colonie naissante avait fait tous ses efforts pour recevoir dignement Sa Majesté : des arcs de triomphe s'élevaient de distance en distance, et toutes les maisons, même les plus humbles, étaient joyeusement pavoisées.

Les goums arabes, commandés par le colonel Séroka, étaient allés recevoir l'Empereur à quelques kilomètres de la ville. Le soir, la petite ville était brillamment illuminée, et la population s'attardait contre ses habitudes.

DÉPART POUR BISKRA

Le lendemain mercredi, Sa Majesté quittait Batna et prenait la route de Biskra. Le pays ne change pas d'aspect ; c'est toujours la même nature tour à tour fertile ou aride, suivant que l'eau abonde ou manque. Ce n'est que sur le territoire des Sahari qu'un changement inattendu a lieu : la route quitte les bassins rocheux qu'elle traverse pour s'engager dans un col qui va sans cesse se rétrécissant : la route court en corniche au-dessus de l'oued Kantara, cours d'eau rapide et torrentiel, qui, après avoir creusé la paroi du rocher qui forme le col, va fertiliser l'oasis d'El-Kantara.

« Il y a là, dit le correspondant de *la Patrie*, une surprise, un coup de théâtre auxquels l'imagination la plus pauvre ne saurait résister. Après avoir traversé un pays où la végétation n'apparaît qu'à l'état rudimentaire, où le laurier-rose égaye seul le terrain aride que l'on parcourt, on aperçoit tout à coup une fraîche oasis couverte de gigantesques palmiers. On croirait à un changement à vue. L'instant d'auparavant, une muraille formidable de rochers bornait l'horizon ; comme par enchantement, cette muraille s'entr'ouvre, et à travers la gorge resserrée où va passer le chemin, un flot de verdure que le vent balance se montre aux yeux enchantés.

« Si l'on avance, laissant à droite le pont construit

par les légions romaines, on entre en plein Orient. Alors plus rien d'européen jusqu'à Biskra; on a franchi les portes du Sahara, et désormais, sauf les oasis, on navigue pour ainsi dire sur une mer de sable.

« L'oasis d'El-Kantara est la première que l'on rencontre en allant vers le sud. Faire la description d'un pareil fouillis de verdure est chose impossible, et le pinceau le plus habile aurait de la peine à détailler cette végétation désordonnée; c'est un enchevêtrement inextricable de palmiers, de cognassiers, d'abricotiers sous lesquels sussurent les canaux d'irrigation. En vérité, les mots me manquent pour décrire ce site enchanteur, qui forme un contraste inattendu avec les rochers arides qui l'entourent.

« S. M. l'Empereur s'arrêta quelques heures sous ces délicieux ombrages, entouré par la population des trois villages qui s'élèvent sur ce coin de terre béni de Dieu, comme disent les Arabes.

« En continuant la route vers Biskra, on aperçoit, à une petite distance au sud-ouest, un grand bassin nommé El-Hammam. C'est un bain thermal légèrement sulfureux qui fut fréquenté par les Romains, comme l'indiquent les ruines éparses autour de la source.

« En sortant des gorges d'El-Kantara, la steppe devient plus aride et l'horizon plus étendu. La route suit toutes les ondulations du terrain et traverse cinq à six fois le lit presque à sec de l'oued Kantara.

« Le village d'El-Outaïa, que l'on traverse, n'a rien

de bien remarquable : c'est une maigre oasis au sol calciné dans laquelle vit une population dont la principale industrie est d'exploiter Djebel-el-Melh', la montagne de sel gemme qui se dresse à une petite distance.

« A toutes les époques de l'histoire, le sel de cette montagne a eu une grande réputation : les gourmets de Rome n'en employaient pas d'autre, et Shaw en fait mention dans les termes suivants : « Le sel des montagnes de Lwotaïah est gris ou bleuâtre, il est fort agréable au palais. On vend à Alger le sel de Lwotaïah. » Un polygraphe arabe qui vivait en 360 de l'hégyre (1067 de J.-C.), Bekri, parle de cette montagne de sel comme d'une merveille, et dit qu'elle était exclusivement exploitée par Abbou-Obeïd-Allah-Ech-Chü, fondateur de la dynastie des Fatimites, qu'il représente comme un grand gourmet.

« A partir d'El-Outaïa, l'oued El-Kantara change de nom pour prendre celui de ce village, et la route traverse deux dunes de sable avant d'atteindre le djebel bou-Ghezal, montagne qui sépare la plaine d'El-Outaïa du Sahara proprement dit.

« Lorsqu'on arrive au sommet de la montagne, on est frappé de la grandeur du spectacle : on a en face de soi l'immensité aride, tourmentée d'ondulations comme une mer agitée, et l'on se demande avec effroi par quelle loi fatale l'homme a-t-il été condamné à vivre dans ces contrées perdues. »

BISKRA. — RETOUR A CONSTANTINE

A Biskra, comme sur tous les points de l'Algérie, la réception fut enthousiaste. Les pauvres habitants de cette oasis, qui n'ont que leurs palmiers pour richesses, sont toujours demeurés fidèles aux Français, même dans les mauvais jours. Aussi l'Empereur se montra-t-il particulièrement bienveillant pour cette race dévouée. Il n'avait que peu de temps à passer parmi elle, mais du moins fut-il laissé des témoignages durables de sa bonté et de sa satisfaction. Il reçut à sa table quatre des principaux caïds :

Ali-Bey, caïd du Touggourt ;

Mohamed-S'rir, qui fut élevé au grade de commandeur de la Légion d'honneur ;

Si-Ahmed-Bey-ben-Chenous, caïd des Zab-Chergui ;

Sidi-ben-Hemmi, caïd des Sahari, qui reçut les insignes d'officier de la Légion d'honneur.

Quelques minutes avant le dîner, Sa Majesté avait reçu les chefs arabes, types extraordinaires que l'Empereur jugea d'un mot en leur disant :

« Je suis heureux de commander des hommes de fer sur cette terre de feu. »

Le lendemain, à quatre heures du matin, le chef de l'État sortait des portes du fort Saint-Germain.

L'Empereur, parti de Biskra le 1ᵉʳ juin, revint à Batna, où il décora Chassaing, le tueur de lions. Le 2, il visita Lambessa, l'Auguste, la Pieuse, la Vengeresse, bâtie par la troisième légion d'Auguste, dont le signe numéral est gravé sur la plupart des ruines; puis Il arriva à Constantine le 3 juin, à cinq heures. A cinq kilomètres environ de la cité, Sa Majesté rencontra une escorte composée des gentlemen de la ville en habit noir, chapeau rond, cravate blanche et gants blancs, qui vinrent demander gracieusement à Sa Majesté la permission de former un escadron d'honneur.

L'Empereur fut très-sensible à cette manifestation de la population civile, et Il renvoya les spahis qui formaient son escorte.

Comme au départ, la ville était sur pied pour recevoir Sa Majesté.

Au moment où Napoléon III entrait à Constantine, les dépêches suivantes se croisaient sur le fil électrique de Biskra.

E. Évariste Vignard, chef de bureau arabe départemental, adressait au chef civil de l'oasis la dépêche suivante :

« Une souscription s'organise à Constantine pour élever un monument au point extrême du désert où Sa Majesté sera parvenue. Prière de relever exactement le point et de le marquer par un tas de pierres. »

Si-Mohamed-ben-S'rir répondait :

« Nous applaudissons plus que tous autres à votre projet. Tout le monde ici souscrira. Nous avons marqué l'endroit où l'Empereur s'est arrêté. »

SECOND SÉJOUR A CONSTANTINE

La journée du 4 juin se passa pour l'Empereur en audiences, en distribution de récompenses et en travail de cabinet. Cette dernière journée passée dans les murs de Constantine, l'Empereur voulut la consacrer entièrement à l'examen des projets concernant cette cité et la rémunération du dévouement de toutes les autorités.

Il est impossible de peindre la reconnaissance des habitants de Constantine et la joie des hommes éminents qui avaient été l'objet de la bienveillance impériale.

« Dans la soirée, tandis que la retraite aux flambeaux parcourait la ville en tous sens, une fête d'un caractère spécial se préparait dans un coin de Constantine en l'honneur de Sa Majesté. Nous voulons parler d'une danse de nègres, qui est l'expression la plus complète de la joie chez ces pauvres déshérités de la nature.

« Armés de tambours et de flûtes de roseau, ils se réunissent dans la boutique d'un kaouadja, et là, psalmodiant je ne sais quelle complainte monotone accompagnée par leurs instruments primitifs, ils sont censés aider quelques-uns de leurs compagnons à exécuter des gambades folles, qu'ils qualifient du nom prétentieux de danse.

« Aux hommes succède le beau sexe, qui, le foulard à la main, se livre à des exercices chorégraphiques où l'art des Petipa n'a rien à voir, et dont le tableau de Gérôme peut donner une idée parfaite.

« Les braves gens qui avaient organisé cette réjouissance avaient eu l'espérance un instant que le sultan des sultans, comme ils nomment l'Empereur, viendrait l'honorer de sa présence. Ils furent déçus, comme vous le pensez; mais à défaut du souverain ils eurent une partie de son état-major et furent encore très-satisfaits.

« Pendant ce temps-là, Sa Majesté, entourée du maréchal de Mac-Mahon, du général Fleury, du préfet, de l'ingénieur en chef, travaillait dans le salon de la résidence impériale. Penchée sur les cartes, Elle s'occupait du tracé de voies nouvelles et rapides de communication ; ou bien, écoutant des hommes spéciaux, Elle recueillait l'avis de chacun sur les améliorations à introduire sur tel ou tel point de la province ou de la colonie. » (*Patrie.*)

DÉPART POUR BÔNE

A onze heures et quart, le 5, l'Empereur sortait de Constantine; en passant sous l'arc de triomphe, Il lisait au-dessus de sa tête, dans un cartouche des israélites :

Bénis sois-tu en sortant !

tandis que la population le saluait des cris répétés

de : *Vive l'Empereur! Vive l'Impératrice! Vive le prince Impérial!*

RETOUR A PHILIPPEVILLE

Comme à l'allée, le retour à Philippeville fut une marche triomphale. A Smendou, à l'Arrouk, à Saint-Charles, Sa Majesté fut saluée par les colons de ces centres agricoles. Près de Philippeville, le cortége impérial fut arrêté par la population forestière, ayant à sa tête M. Lambert, inspecteur des forêts, qui adressa à l'Empereur le discours suivant :

« Sire,

« Lorsque nous assistons à ce magnifique spectacle d'un souverain parcourant jusqu'aux plus lointaines parties de son Empire pour étudier lui-même la situation et les besoins de son peuple; lorsque Votre Majesté donne au monde cet exemple inouï dans l'histoire; il ne saurait être indigne de cette auguste sollicitude de s'arrêter, au centre du domaine forestier de la province, sur l'une des principales richesses du pays, l'une des plus largement fécondées par les capitaux et l'industrie de la métropole, celle peut-être de toutes les entreprises coloniales qui, par la diffusion du travail, le rapprochement des hommes et la conciliation des intérêts, concourt le plus efficacement à réunir les deux races que

Votre Majesté appelle à former la nouvelle France d'Afrique.

« Ouvriers, dans leur sphère, de cette grande œuvre, qui sera l'une des gloires de votre règne, les colons forestiers adressent à Votre Majesté, avec un patriotique orgueil et d'un cœur profondément reconnaissant, ce salut bien différent de celui des anciens Romains à leurs Césars :

« *Sire, ceux qui vont travailler* (et désormais avec un redoublement d'ardeur et de confiance) *vous saluent !* »

Ce discours fut couvert par les vivat des ouvriers européens et kabyles. Lorsque l'enthousiasme fut calmé, Sa Majesté questionna très-gracieusement M. Lambert et prêta une grande attention aux renseignements que lui fournit ce chef de service.

L'intérêt forestier, tout à fait secondaire dans les provinces d'Alger et surtout d'Oran, devient prédominant dans celle de Constantine. La zone littorale de la province de Constantine renferme plus de trois cent mille hectares de forêts de chênes-liéges, dont la moitié environ est déjà exploitée par deux sociétés. Ces exploitations, qui ont un avenir immense, doivent, dans un bref délai, faire la richesse du pays et devenir pour la France une ressource des plus précieuses.

ARRIVÉE A BÔNE

Sa Majesté ne fit que traverser Philippeville et se

dirigea vers Stora, où Elle s'embarqua à bord de *l'Aigle*. Le lendemain mardi, à huit heures, Sa Majesté arriva dans le port de Bône et y recevait à bord de son yacht les ambassadeurs que le bey de Tunis avait envoyés pour La féliciter ; puis Sa Majesté descendit à terre, où Elle fut reçue sous un élégant débarcadère par le commandant de la subdivision, et par M. de Toustain, préfet du département, entourés des autorités civiles et militaires de la ville.

L'Empereur, ayant fort peu de temps à consacrer à la ville de Bône, distribua séance tenante les récompenses. La colonisation ne fut pas oubliée, et Sa Majesté remit elle-même la croix de chevalier de la Légion d'honneur à M. Nicolas, bien connu dans la colonie pour sa probité et sa haute intelligence.

Puis l'Empereur se dirigea vers la ville. La jolie petite cité algérienne ne le cédait en rien aux autres villes africaines; comme elles, elle s'était parée, et, de la porte de la Marine jusque sur la place, les arcs de triomphe, élevés par la seule initiative de la population, se succédaient. Le premier sous lequel Sa Majesté passa était en liége, tant brut ou vierge que de reproduction; les chiffres impériaux, l'aigle aux ailes éployées, la couronne impériale étaient artistement ouvrés. Au fronton de l'arc de triomphe se lisait la dédicace suivante :

A Napoléon III !
Liége de l'Edough.
Concession Berthon-Lecoq.

Aux quatre coins de la place d'Armes s'élevaient quatre arcs de triomphe érigés par la population indigène, par les Maltais, par les israélites et par les corailleurs. L'arc de triomphe des corailleurs était orné d'une couronne de corail évaluée à 4,000 francs, et surmontée d'un bateau armé pour la pêche.

La petite ville de Bône est une des plus coquettes de l'Algérie; Sa Majesté parcourut la ville dans ses principaux quartiers au milieu de l'affluence de la population, qui ne se lassait pas de l'acclamer. Puis l'Empereur se rendit à Hippone en suivant la vallée et le chemin du ruisseau d'Or. Après avoir admiré l'emplacement de la cité de saint Augustin, qui est marqué par un petit autel de marbre blanc élevé en 1842 par la piété de Mgr Dupuch, premier évêque d'Alger, Sa Majesté se dirigea vers Alelik, charmant village situé tout auprès de Bône, où était réuni le comice agricole de l'arrondissement. L'Empereur, après une assez longue visite aux produits de la colonie, monta en wagon accompagné de M. Arnaud, directeur général des chemins de fer algériens. La voie sur laquelle l'Empereur allait voyager ne sert qu'à l'exploitation des mines de fer d'Aïn-Mokta, qui sont situées en face du lac Fezzara, mines qui sont appelées à devenir une source de richesse inépuisable pour le pays.

Un train spécial avait été improvisé : un fourgon de minerai, tendu de velours vert rehaussé d'or et capitonné de soie blanche, avait été transformé en wagon confortable. Sa Majesté parcourut dans cet équipage les dix-neuf kilomètres qui séparaient de l'établissement des mines et qui aboutissent à la Seybouse.

A quatre heures et demie du soir, Sa Majesté était de retour à bord de *l'Aigle*.

BOUGIE. — PROCLAMATION A L'ARMÉE. — EMBARQUEMENT POUR LA FRANCE.

Le 6 mai, dans la soirée, l'Empereur partait pour Bougie, où il devait passer en revue le corps expéditionnaire qui venait d'achever la pacification des Babhors. Le lendemain, à six heures du matin, *l'Aigle*, escorté par *la Reine-Hortense* et l'escadre cuirassée, faisait son entrée dans la baie de Bougie.

La ville et la vallée qu'elle domine offraient le spectacle le plus captivant. Bougie est, comme Blida, la ville des orangers ; la riche verdure dont elle se pare contraste d'une façon saisissante avec les montagnes ravagées qui l'entourent. Quant à la vallée, le campement de 15,000 hommes revenus d'une récente expédition lui prêtait un aspect étrange et des plus animés.

Dès qu'il eut mis le pied sur le sol de Bougie, l'Empereur, montant dans son drowski, se dirigea vers le camp. Après avoir parcouru les rangs de l'armée, Sa Majesté prit place avec son état-major sur une tribune de feuillage qui Lui avait été préparée.

Alors eut lieu la distribution des récompenses,

suivie d'un défilé sans pareil au milieu des cris les plus enthousiastes.

Le décor luttait de magnificence avec la mise en scène; d'un côté, les Bahbors dressaient leurs cimes orgueilleuses ; de l'autre, la mer étendait au pied de Bougie sa nappe bleue et tranquille, que coupait la flotte cuirassée.

A l'occasion de cette mémorable revue, l'Empereur adressa la proclamation suivante aux soldats de l'armée d'Afrique :

« Soldats de l'armée d'Afrique,

« Je veux, avant de retourner en France, vous
« remercier de vos travaux et de vos fatigues. En vi-
« sitant tous ces lieux paisibles aujourd'hui, mais
« témoins depuis trente-cinq ans de luttes héroïques,
« j'ai ressenti une vive émotion. Sur cette terre con-
« quise par vos devanciers et par vous se sont formés
« ces généraux illustres et ces soldats intrépides qui
« ont porté nos aigles glorieuses dans toutes les
« parties du monde. L'Afrique a été une grande école
« pour l'éducation du soldat ; il y a acquis ces mâles
« vertus qui font la gloire des armées et sont les plus
« fermes appuis d'un empire ; en apprenant à af-
« fronter le danger, à supporter les privations, à
« mettre l'honneur et le devoir au-dessus de toutes
« les jouissances matérielles, il a senti son âme s'ou-
« vrir à tous les nobles sentiments ; aussi jamais
« dans vos rangs la colère n'a survécu à la lutte ;

« parmi vous, aucune haine contre l'ennemi vaincu,
« aucun désir de s'enrichir de ses dépouilles; vous
« êtes les premiers à tendre aux Arabes égarés une
« main amie et à vouloir qu'ils soient traités avec gé-
« nérosité et justice, comme faisant partie désormais
« de la grande famille française.

« Honneur soit donc rendu à ceux qui ont versé
« leur sang sur cette terre, dont la possession depuis
« tant de siècles a été disputée par tant de races dif-
« férentes!

« Soldats de Staouëli, de Mouzaïa, de Constan-
« tine, de Mazagran, d'Isly, de Zaatcha, comme vous
« tous qui venez de combattre dans les plaines arides
« du désert ou sur les cimes presque inaccessibles
« de la Kabylie, vous avez bien mérité de la patrie,
« et par ma voix la France vous remercie.

« Fait à Bougie, le 7 juin 1865.

« NAPOLÉON. »

L'après-midi fut consacrée par Sa Majesté à étudier les besoins de cette partie de notre colonie; et
et tandis qu'Elle se préoccupait de l'avenir de ce
point maritime, 3,000 hommes appartenant au
corps expéditionnaire s'embarquaient à bord de la
flotte cuirassée aux cris mille fois répétés de: *Vive
l'Empereur! Vive l'Impératrice! Vive le Prince
Impérial!*

Sa Majesté voulut réunir à dîner, avant son départ,
le général Perigot et les colonels du corps expédi-

tionnaire. C'était le dernier repas donné sur la côte d'Afrique.

LA TRAVERSÉE. — TOULON. — LYON

Lorsque l'opération de l'embarquement fut terminée, le yacht impérial leva l'ancre et rangea à l'honneur *le Solferino*, où sur les vergues, dans les haubans et sur le pont, les matelots le saluaient des cris de : *Vive l'Empereur!*

Successivement, l'équipage de chaque bâtiment et les troupes de passage répétèrent les vivat du vaisseau amiral, en même temps que les navires faisaient feu de toutes leurs pièces en l'honneur du souverain.

La mer était calme comme un lac. A moitié chemin de Toulon, par ordre de l'Empereur, une lutte de vitesse s'engagea entre les bâtiments de l'escorte et *l'Aigle*, dont la marche est supérieure; elle devait bientôt se terminer par la victoire complète du yacht impérial, qui possède une machine perfectionnée.

Afin de n'entrer le lendemain dans le port de Toulon qu'après le lever du jour, *l'Aigle* ralentit dans la soirée.

Le 8 mai, à six heures du matin, le yacht impérial jetait l'ancre au milieu d'un tonnerre de hourras et de salves d'artillerie. Malgré l'heure matinale une nombreuse population s'était portée au-devant de l'Empereur.

Sa Majesté avait d'abord voulu consacrer un certain temps à son séjour dans cette ville et assister à la cérémonie du lancement d'un navire cuirassé; mais la longueur inattendue qu'avait prise le voyage ne lui permit pas de réaliser ce projet. Toutefois, avant de se rendre au chemin de fer, l'Empereur visita *le Taureau* et *le Marengo* sur cale, et examina avec beaucoup d'intérêt le modèle en bois de ce dernier vaisseau. Malgré le strict incognito qu'Elle avait désiré garder, Sa Majesté fut accompagnée depuis sa sortie de l'arsenal jusqu'à la gare par les acclamations d'une foule enthousiaste qui se pressait sur son passage.

A deux heures quarante-cinq minutes, l'Empereur était accueilli à la station de Valence par la population tout entière, qui salua Sa Majesté par les cris mille fois répétés de : *Vive l'Empereur! Vive l'Impératrice! Vive le Prince Impérial!*

L'enthousiasme était unanime.

L'Empereur arriva à quatre heures trente minutes du soir à Lyon, où la réception des habitants fut aussi chaleureuse qu'à son premier passage.

RENTRÉE A PARIS

La rentrée de l'Empereur à Paris fut une véritable ovation.

Tandis que les maisons se pavoisaient de drapeaux, la foule se pressait aux environs de la gare de

Lyon et sur tout le chemin que devait parcourir le cortége impérial.

A cinq heures précises le train arrivait. L'Impératrice et le Prince Impérial étaient allés au-devant de Sa Majesté à Fontainebleau.

L'Empereur fut reçu à la sortie du wagon par le préfet de la Seine, le préfet de police, le maréchal Regnault de Saint-Jean d'Angely et le général Mellinet.

Les vivat les plus enthousiastes saluèrent Leurs Majestés quand elles prirent place dans la voiture découverte qui les attendait. La santé de l'Empereur paraissait excellente ; les fatigues du long voyage n'avaient laissé aucune trace sur le visage un peu bronzé de Sa Majesté.

Les cris répétés de : *Vive l'Empereur! Vive l'Impératrice! Vive le Prince Impérial!* ne cessèrent de s'élever sur tout le trajet du cortége impérial. Le peuple français témoignait chaleureusement sa reconnaissance au souverain qui venait de montrer une sollicitude si éclairée pour nos frères d'Algérie.

Le soir les édifices publics et un grand nombre de maisons particulières étaient illuminés.

CONSIDÉRATIONS

Notre récit est terminé ; il ne nous reste plus que quelques pages à tracer, non de vaines louanges, mais de considérations sincères et désintéressées.

Pendant ses longues excursions faites sous le ciel africain et par une saison déjà brûlante, Sa Majesté ne cessa de montrer une vigueur qu'on ne saurait trop admirer. Tout son voyage n'a été qu'une étude continuelle des hommes et des choses, une enquête bienveillante poursuivie sur le terrain même avec une persévérance qui ne laissait aucune question inépuisée. Chaque soir, malgré les fatigues du voyage, l'Empereur dictait à son secrétaire le résumé des impressions du jour : imposant travail qui contient en germe les destinées prospères de l'Algérie. Aussi l'amour des populations, déjà si profondément attaché à la dynastie napoléonienne, a-t-il redoublé en voyant ce puissant monarque qui, au lieu de se reposer satisfait de ses grandes actions, en poursuit sans relâche de plus grandes encore, voulant que l'histoire impartiale ajoute le surnom de *Bienfaisant* à celui de *Victorieux*.

Il serait impossible d'énumérer toutes les belles œuvres qui ont marqué le passage de l'Empereur à travers la colonie algérienne. Il ne cessait de donner aux faibles, aux infirmes, aux femmes et aux enfants. Aussi les Arabes et les Berbères, qui comptent la charité au premier rang des vertus d'un souverain, ont-ils salué hautement Napoléon III comme envoyé de la Providence. Pour comprendre à quel point les indigènes de l'Algérie aiment et révèrent l'Empereur, il suffira de citer le mot touchant et énergique que répétaient les Kabyles : « Le sultan de France est devenu notre tête et notre sang. »

L'avenir nous dévoilera les conséquences du voyage de l'Empereur ; mais dès à présent on peut, sans jouer au prophète, annoncer qu'une grande période de paix vient d'être inaugurée pour notre colonie africaine, et que le peuple arabe, désormais éclairé par le souverain sur les intentions véritables de la France, abandonnera les trompeuses chimères qui l'ont égaré si longtemps, et reconnaîtra que sous le drapeau tricolore il peut trouver gloire, richesse et liberté !

Ce ne sont point là les rêves d'un esprit partial. Le voyage de l'Empereur en Algérie nous a révélé un fait de la plus haute importance. Partout où le clergé musulman s'est trouvé en contact avec la civilisation française, il a perdu le fanatisme qui lui faisait proclamer autrefois la guerre sainte et guider au martyr, ou plutôt à la boucherie, tant de cœurs ardents et dignes de comprendre la grande mission de la France. Le nom de Napoléon III a retenti solennellement dans les mosquées, et les prêtres de Mahomet ont appelé sur lui les bénédictions du ciel : fait sans précédent et que nul, il y a quelques années, n'aurait été assez optimiste pour prévoir. Qu'on ne cherche pas à contester la haute portée de ce symptôme. Le clergé musulman a bien des défauts, des passions ; mais on ne saurait l'accuser d'hypocrisie et de lâcheté ; il l'a prouvé pendant onze siècles en prêchant une croisade incessante contre le christianisme, et en ne courbant jamais la tête devant un vainqueur, quelque pût être le prix de la soumission ou le châtiment de l'opiniâtreté. Si les serviteurs de l'Islam ont acclamé le souverain, c'est qu'ils ont compris la possibilité de vivre paisiblement à côté de la croix, et la folie de toute tentative pour ressaisir la domination dont ils firent un si mauvais usage.

La consolidation de nos conquêtes en Afrique est un glorieux résultat des efforts de la France pendant ces dernières années; mais ce résultat même nous impose de nouveaux devoirs et des sacrifices réels, quoique non sanglants. Ces sacrifices, du reste, ne sauraient être inutiles, car l'Afrique est une terre généreuse et qui sait rendre au centuple le grain qu'on lui confie.

Nous laisserons une plume habile entre toutes exposer les devoirs de la France et révéler les intentions de l'Empereur. On nous saura gré d'insérer ici la conclusion d'un des plus remarquables articles de M. Paulin Limayrac :

« Dans cette France africaine, bien plus encore que dans la mère patrie, il y a de grands travaux à exécuter pour achever ou perfectionner l'œuvre de la nature. Nous avons à y favoriser le développement d'immenses ressources par tous les puissants moyens que la possession du capital et la science mettent dans nos mains. Nous n'avons pas à craindre que cette terre, si heureusement douée, se montre ingrate, et ce serait manquer à la tâche qui nous est assignée que de ne pas lui donner le concours efficace que notre civilisation nous met en mesure de lui offrir.

« La lutte a été longue, » mais « de meilleurs jours « s'annoncent » pour l'Algérie. C'est l'Empereur lui-même qui, dès son arrivée, a donné cette bonne nouvelle aux habitants de son empire algérien. Ces paroles, et d'autres qui les ont suivies, présagent la prochaine exécution de vastes projets. « Des sociétés « particulières, a dit Napoléon III, vont, par leur in-« dustrie et leurs capitaux, développer les richesses « du sol. » S'adressant au maire d'Alger, l'Empereur a déclaré, en outre, « qu'une puissante Com-« pagnie se proposait de faire des grandes choses, « ou plutôt de continuer les grandes choses com-« mencées. » Or il suffit d'ouvrir les yeux et de considérer ce qui a été accompli en France depuis quatorze ans pour savoir quelle haute signification doit s'attacher à de tels mots sortant d'une telle bouche.

« La nouvelle France, » ainsi que Napoléon III a nommé l'Algérie, peut attendre avec confiance l'exécution de la promesse impériale. Quelle que soit la puissante Compagnie dont l'Empereur ait voulu parler; quelle doive sa fondation à un de nos grands établissements financiers, ou qu'il s'agisse, comme on l'assure, d'une Société anglo-française, nous ne doutons pas qu'elle ne réponde pleinement à son programme et n'atteigne son but.

« Répétons donc qu'une ère nouvelle s'ouvre pour l'Algérie. Les indigènes, de même que les colons, garderont un souvenir reconnaissant de cette ardente sollicitude de Napoléon III pour leurs intérêts moraux et leurs intérêts matériels ; et la France inscrira dans ses annales, à côté de ses plus belles victoires d'Afrique, le voyage pacifique et fécond de l'Empereur. »

Après avoir rappelé ces lignes éloquentes, il y a présomption peut-être à reprendre la parole. Qu'on nous permette toutefois une dernière réflexion.

Jusqu'ici les progrès de notre colonie algérienne ont pu être lents et difficiles. Les gouvernements qui se sont succédé en France ont montré souvent de l'inexpérience en matière d'économie politique et de colonisation. Il n'en est pas de même à présent. Napoléon III a doublé la richesse de la France ; Napoléon III a brisé par un effort heureux et hardi les inutiles entraves du système protectionniste ; Napoléon III a su imprimer le plus vigoureux élan à toutes les branches du commerce et de l'industrie : est-ce une illusion téméraire de le croire appelé à semer largement en Algérie les germes de prospérités qui permettront tôt ou tard à cette fille de la France de rendre à la mère patrie le large équivalent de ses larges sacrifices ?

RÉGENCE DE L'IMPÉRATRICE

Lorsque l'Empereur se disposait à partir pour l'Algérie, la situation ne laissait pas de se présenter sous un aspect assez grave. La France, il est vrai, se trouvait placée en dehors de toute complication politique; néanmoins les rênes de l'État devaient être remises en des mains prudentes, douces et fermes, au moment où une catastrophe sans exemple venait de changer violemment le chef du gouvernement américain; au moment où, à l'intérieur, de nombreuses grèves dans les divers corps de métiers demandaient une attention non moins sérieuse que les débats toujours animés du Corps législatif.

Mais à une époque beaucoup plus difficile, pendant la guerre d'Italie, l'Empereur avait remis à l'Impératrice la direction du pouvoir, et la Régente s'était acquittée de cette lourde tâche avec une intelligence des affaires et une habileté encore présentes à toutes les mémoires. Napoléon III, avant de se rendre en Afrique, chargea donc l'Impératrice encore une fois avec toute confiance du soin de diriger l'État, sachant bien que la haute capacité de la souveraine et l'affectueux respect des populations assureraient le maintien de l'ordre et de la prospérité pendant sa longue absence.

Le 29 avril, le Sénat reçut communication des lettres patentes dont voici la teneur :

« NAPOLÉON,

« Par la grâce de Dieu et la volonté nationale, Empereur des Français,

« A tous présents et à venir, salut :

« Voulant donner à Notre bien-aimée Épouse l'Impératrice des marques de la haute confiance que Nous avons en Elle, attendu que Nous sommes dans l'intention de Nous rendre en Algérie, et qu'il est nécessaire que, pendant Notre absence, les affaires de l'État n'éprouvent aucun retard, Nous conférons, par ces présentes, à Notre bien-aimée Épouse l'Impératrice le titre de Régente pour en exercer les fonctions, pendant Notre absence, en conformité de Nos instructions et de Nos ordres, tels que Nous les aurons fait connaître dans l'ordre général de service que Nous aurons établi et qui sera transcrit sur le Livre d'État.

« Entendons qu'il soit donné connaissance à Nos Ministres et aux Membres du Conseil privé desdits ordres et instructions, et qu'en aucun cas l'Impératrice ne puisse s'écarter de leur teneur dans l'exercice des fonctions de Régente.

« Voulons que l'Impératrice préside en Notre nom le Conseil des Ministres et le Conseil privé. Toutefois, Notre intention n'est point que l'Impératrice-Régente puisse autoriser par sa signature la promulgation d'aucun sénatus-consulte, ni d'aucune loi de l'État, autres que ceux qui sont actuellement pendants devant le Sénat, le Corps législatif et le Conseil d'État, Nous référant à cet égard au contenu des ordres et instructions mentionnés ci-dessus.

« Mandons à Notre Ministre d'État de donner communication des présentes lettres patentes au Sénat, qui les fera transcrire sur ses registres, et à Notre garde des sceaux, ministre de la justice et des cultes, de les faire publier au *Bulletin des lois.*

« Donné au palais des Tuileries, le 26 avril 1865.

« NAPOLÉON.

« Par l'Empereur,
« *Le Ministre d'État,*

« E. Rouher. »

Nous ne pouvons ici rendre compte jour par jour des faits qui se produisirent en France pendant le voyage de l'Empereur, car nous n'avons pas à nous préoccuper de politique soit générale, soit intérieure. Nous nous bornerons par conséquent à un examen rapide des événements considérés plutôt selon l'ordre auquel ils se rattachent que selon la chronologie.

L'acte politique le plus important de la Régence fut la prorogation du Corps législatif, décrétée le 13 mai. La solennité la plus remarquable qui eut lieu pendant l'absence de l'Empereur fut la réception du nouvel ambassadeur de Turquie, Safvet-Pacha, qui adressa le discours suivant à l'Impératrice-Régente :

« Madame,

« J'ai l'honneur de remettre à Votre Majesté Impé-
« riale la lettre par laquelle le Sultan, mon auguste
« souverain, m'accrédite auprès de l'Empereur, en
« qualité de son ambassadeur extraordinaire et plé-
« nipotentiaire.

« Votre Majesté y verra les nouvelles assurances de
« l'inaltérable attachement que S. M. I. le Sultan
« professe pour l'Empereur et du vif intérêt qu'il
« porte à tout ce qui a trait à la gloire de son règne,
« au bonheur de la Famille Impériale et à la pros-
« périté de la France.

« Mon auguste souverain m'a expressément or-
« donné de consacrer tous mes efforts à resserrer
« les relations de l'amitié séculaire qui unit si heu-
« reusement les deux empires.

« Je m'estimerai heureux, Madame, si je réussis à
« atteindre ce but et à acquérir ainsi la haute bien-
« veillance de l'Empereur et celle de Votre Majesté
« Impériale. »

Sa Majesté répondit :

« Monsieur l'ambassadeur, je reçois avec satisfac-
« tion l'assurance des sentiments d'amitié de votre
« auguste souverain.

« La France a toujours entretenu avec la Sublime
« Porte les rapports les plus intimes, et l'Empereur
« a donné des gages éclatants de sa fidélité à cette
« tradition nationale.

« Aussi j'aime à croire qu'à l'exemple de votre
« prédécesseur, qui laisse parmi nous les meilleurs
« souvenirs, vous contribuerez à développer entre
« les deux empires ces relations sympathiques dont
« vous rappelez si justement l'antique origine. »

Un calme profond ne cessa de régner en France pendant l'absence de l'Empereur ; toutefois l'occasion ne se présenta pas moins pour l'Impératrice-Régente de déployer ce mélange de tact, de douceur et de fermeté qui la distinguent. Une sérieuse difficulté, soulevée à propos d'un titre de la plus ancienne noblesse, fut aplanie par l'intermédiaire de Sa Majesté ; un discours rempli de vues trop hardies pour ne pas être paradoxales, et prononcé à l'occasion d'une grande solennité, vint s'adjoindre à toutes les graves matières de considération de la souveraine et la placer dans une situation pénible vis-à-vis d'un membre de sa famille ; les grèves qui continuaient à se produire demandaient un examen approfondi et furent probablement discutées plusieurs fois au sein du Conseil privé ; enfin la mort du maréchal Magnan, sénateur, commandant l'armée de Paris, ajouta aux complications du moment.

Si l'Impératrice-Régente prouva la force et le sérieux de son caractère, elle ne prouva pas moins la bonté de son cœur et la lucidité de son esprit. Deux actes d'auguste courtoisie ont marqué le terme de la Régence : la décoration de la Légion d'honneur accordée à mademoiselle Rosa Bonheur et la levée des avertissements donnés aux journaux.

SUPPLÉMENT

BIOGRAPHIE D'HUSSEIN-DEY

Hussein-Dey ne sortait point de la classe des *ulémas*, comme on l'a publié, et son instruction n'était nullement celle que doivent posséder ces gens de la loi. Né aux environs de Kutahiïe, dans l'Asie Mineure, il était *toptchi* (canonnier) dans l'artillerie de Sultan-Sélim, à Constantinople. Son chef voulant lui faire donner la bastonnade pour une faute légère, il s'échappa et alla s'engager chez un de ces recruteurs qu'Alger entretenait constamment dans les grandes villes maritimes de Turquie, et qui prenaient tous ceux qui s'offraient à eux.

Le vaisseau barbaresque qui portait Hussein fut capturé, sous le cap *Passaro*, par un corsaire napolitain et conduit à Naples. Le canonnier déserteur y fut fort bien traité; il prit goût pour la ville. Cependant, ayant été échangé, il fut conduit à Alger. Il se distingua bientôt dans la milice par son activité et son intelligence. Selon l'usage des janissaires turcs, il avait ouvert une petite boutique dans la rue *Baб-Aazoun*, et y débitait du tabac, des essences, des pipes, commerce facile que faisaient beaucoup de

Coul-Oghlis et de riches Maures, pour s'occuper et se conserver des relations avec toutes les classes.

Hussein avait su se concilier l'amitié d'Ali-Dey. Il ne tarda pas à le trahir et à se concerter avec ses ennemis. Ali ayant été étranglé, comme presque tous ses prédécesseurs, Hussein lui succéda le **28 février 1818**.

Hussein-Dey était d'un caractère doux, mais d'une opiniâtreté invincible. Les petitesses de la diplomatie et les jalousies des puissances maritimes faisaient une partie de sa force, et il en profitait adroitement.

Il se plaisait à braver les représentants des puissances européennes. Le consul anglais, Saint-John, ne cessait de réclamer la protection du dey pour chasser jusque dans les montagnes de l'Atlas : pour réponse il lui fit tuer tous ses chiens. Un jour, il fit briser la cloche qu'un autre consul avait placée à la porte de son hôtel ; il fit également mettre en arrestation le chancelier de Suède, etc.

Ayant rompu avec le consul de France en 1827, Hussein se rapprocha des autres agents, qui, presque tous, encouragèrent sa résistance, et lui inspirèrent, dans ses ressources militaires, cette confiance qui l'a perdu. M. Saint-John, surtout, l'assurait sans cesse que jamais les Français n'oseraient l'attaquer sérieusement, et qu'en tout cas ils ne pourraient le faire avec succès.

Le Maroc et les autres régences, qui n'ont donné aucun secours à Alger, avaient aussi engagé Hussein à refuser toute satisfaction à la France. Les beys de Tunis et de Tripoli lui écrivaient pour louer sa fermeté, et l'assuraient qu'ayant consulté les plus grands *marabouts* sur l'issue d'une guerre possible, ces oracles avaient été constamment favorables. Ils lui promettaient d'ailleurs de l'aider pour l'extermination des infidèles.

Hussein-Dey rendit, assure-t-on, à leurs familles deux jeunes demoiselles d'Europe qui étaient renfermées dans son harem. Ce fut à la sollicitation pressante du consul anglais qu'Hussein montra tant de continence et de générosité ; mais il est douteux qu'il ait accompagné le don de leur liberté d'un présent de 5,000 piastres : ceux qui ont écrit cette anecdote ne le connaissaient pas.

Ce souverain détrôné montra beaucoup de résignation ; et les mépris de tous ses anciens sujets, qui naguère se prosternaient devant lui, ne l'affectèrent nullement. Lorsqu'on faisait allusion à son malheur, il se contentait de répondre en tournant son chapelet : *Dieu est grand ! Que sa volonté soit faite ! C'était écrit !*

Toutefois, il n'oublia point ses intérêts pécuniaires.

Quelques prédictions ridicules et le bonheur, inouï jusqu'alors, dans Alger, de sauver sa vie en perdant le pouvoir, persuadèrent à Hussein qu'il était destiné à régner encore sur la côte d'Afrique. Omer-Pacha, étranglé par les janissaires, l'avai assuré qu'il vivrait et mourrait dey. Vingt marabouts avaient fait la même prophétie. Il espérait donc. — Hussein aurait pu jouir aussi de ses immenses richesses ; mais l'humeur acariâtre de sa vieille épouse, et la garde de quelques jeunes odalisques, reste d'un harem de soixante-dix femmes, ne lui ont pas permis, dit-on, de jouir de la paix intérieure de la famille,

L'ex-dey d'Alger, détrôné le 5 juillet 1830, est mort à Alexandrie en octobre 1834, n'ayant même point cherché à ressaisir les rênes de son gouvernement, ni à conspirer contre la domination des Français en Algérie. Il venait de faire un pèlerinage à la Mecque, où l'avait attiré sa ferveur religieuse, redoublée depuis sa chute (1).

(1) Cette biographie est due à la plume de M. Préaux, officier supérieur dans l'artillerie de marine.

BIOGRAPHIE D'ABD-EL-KADER

(*Extrait de l'*Itinéraire en Algérie, *par M. L. Piesse.*)

Sidi-el-hadj-Abd-el-Kader-ben-Mahi-ed-din est né en 1807, aux environs de Maskara, sur le territoire des Hachem. Doué d'une intelligence précoce, il expliquait, dès l'enfance, les passages les plus difficiles du Koran. Plus tard il se distingua par son éloquence et sa connaissance de l'histoire nationale, en même temps que par sa fervente piété, et mérita les titres de marabout et de saleb, c'est-à-dire saint et savant. Il ne négligeait pas non plus les exercices du corps et surpassait tous les Arabes par son habileté à manier le cheval et les armes. Le dey d'Alger, redoutant son ambition, voulut le faire assassiner. Abd-el-Kader put s'enfuir en Égypte avec son père, et se trouva pour la première fois en contact avec la civilisation européenne au Caire et à Alexandrie. Il alla visiter alors le berceau du prophète, à la Mekke, et se recommanda encore par ce saint pèlerinage à l'attention de ses compatriotes.

Quant il revint en Algérie, Alger était au pouvoir des Français et la domination turque anéantie dans la province. Les tribus arabes voisines d'Oran crurent le moment favorable pour reconquérir leur indépendance. Elles se soulevèrent sous le commandement du père d'Abd-el-Kader, battirent les Turcs et s'emparèrent de Maskara. Les habitants de la ville voulurent reconnaître Mahi-ed-din pour émir, mais il se déchargea de cet honneur sur son fils, dont l'autorité s'étendit bientôt de proche en proche jusqu'au grand désert.

Dès lors l'histoire d'Abd-el-Kader est l'histoire de la conquête française en Algérie. Encouragé par ses premiers succès, il se mit à prêcher la guerre sainte et vint avec 10,000 cavaliers assiéger Oran (1832). Il fit preuve d'un grand courage et ne se décida à la retraite qu'après une lutte de trois jours. L'année suivante, le général Desmichels battit Abd-el-Kader dans des escarmouches sanglantes et mit garnison sur deux points importants de la côte, Arzeu et Mostaganem. Cependant l'influence de l'émir allait croissant ; il devint bientôt le seul chef des diverses tribus soulevées contre la domination française, et put attaquer Tlemcen. En 1834, il conclut avec le général Desmichels un traité qui, faisant du Chéliff la limite de ses possessions, lui constituait un véritable royaume, avec Maskara pour capitale, entre l'empire du Maroc, les provinces d'Oran, du Titeri et d'Alger ; lui livrait tout le commerce de la province d'Oran et lui donnait le temps de dresser ses troupes contre nous, d'établir un gouvernement régulier, en un mot, de reconstituer la nationalité arabe. Le cabinet français, abusé, avait cru se décharger sur lui des embarras de l'occupation.

Il lui en créa bientôt de nouveaux. Après avoir comprimé, avec l'aide de la France, une révolte dangereuse excitée par quelques chefs jaloux de son autorité, il passe le Chéliff et s'empare de Médéa. Le général Trezel, qui avait remplacé, en 1835, le général Desmichels à Oran, marcha contre l'émir et l'atteignit sur les bords de la Matita; mais, entouré par 20,000 cavaliers, il dut battre en retraite après des prodiges de valeur, abandonnant à l'ennemi son ambulance et ses bagages. Cette victoire redoubla le fanatisme des Arabes et jeta la consternation dans notre armée. On choisit alors pour gouverneur de l'Algérie le maréchal Clausel, qui partit accompagné du duc d'Orléans. Il commença par semer la mésintelligence entre les chefs arabes ; puis, avec un corps de 8,000 hommes, il se dirigea vers Maskara, qu'il trouva évacuée, et dont il ordonna la destruction. De là il alla attaquer Tlemcen, où se distingua le commandant Cavaignac.

Les premiers succès véritables contre l'émir furent obtenus par le général Bugeaud, qui parvint à débloquer le général d'Arlange, enfermé dans son camp, et rompit le prestige attaché au nom d'Abd-el-Kader. Toutefois, pour faciliter notre seconde expédition contre Constantine, il offrit la paix à son ennemi vaincu et lui fit, par le traité de la Tafna (30 mai 1837), des conditions encore plus avantageuses que celles du traité Desmichels. L'émir profita de la paix pour resserrer le lien de fédération entre les diverses tribus arabes, se créer des intelligences dans les provinces françaises et s'approvisionner de munitions de toute sorte. Puis, quand il se crut prêt pour recommencer la guerre, il trouva des prétextes d'hostilités dans certaines clauses mal définies du traité de la Tafna, et, en novembre 1839, fit massacrer nos colons. Alors le duc d'Orléans et le maréchal Valée commencèrent cette rude campagne de 1840, signalée par la victoire de Mouzaïa et par la prise de Médéa et Miliana. Ils réduisirent l'ennemi à la défensive, mais sans pouvoir assurer la tranquillité des populations algériennes.

On vit bien alors qu'il fallait une lutte acharnée pour en finir avec Abd-el-Kader, et le général Bugeaud fut nommé gouverneur. Il changea la tactique suivie jusqu'alors, augmenta les colonnes d'attaque, leur donna une plus grande légèreté et organisa ce système de razzias qui, en portant nos armes jusqu'aux limites du désert, fit naître bientôt la famine parmi les Arabes. Maskara fut prise en décembre 1841, et un grand nombre de tribus firent leur soumission. Abd-el-Kader redoubla d'efforts, souleva les Kabyles de Bougie, et recula pas à pas vers le désert avec les tribus fidèles à sa cause. La prise de la *Smalah* par le duc d'Aumale, en février 1843, le força à se réfugier sur le territoire de l'empereur de Maroc Abd-er-Rahman, qui l'avait presque toujours soutenu sourdement jusque-là, et qui se décida, en 1844, à attaquer les positions françaises. La victoire complète du général Bugeaud sur les troupes marocaines à Isly (14 août) et le bombardement de Mogador et de Tanger par le prince de Joinville guérirent pour toujours l'Empereur du désir de protéger ouvertement Abd-el-Kader. Mais l'infatigable émir sut encore trouver chez les peuples fanatiques du Maroc, et malgré leur souverain, des secours en hommes et en argent qui lui permirent de se jeter de nouveau sur l'Algérie. En 1845, la plaine de la Mitidja se trouva encore une fois menacée, et le général Bugeaud dut recommencer cette guerre de marches et de contre-marches, de poursuites et de razzias continuelles qui, empêchant son adversaire d'établir un gouvernement régulier, devaient aboutir à sa soumission. Il fallut encore deux ans pour réduire Abd-el-Kader, qui profitait de l'hospitalité d'Abd-er-Rahman pour pratiquer des intelligences dans le Maroc et y préparer une révolution à son profit. Il parvint à soulever en sa faveur un certain nombre de peuplades, et contraignit l'empereur à faire cause commune avec les Français contre lui. Après une tentative inutile contre la ville d'Ouchda, l'émir remporta deux victoires sur les troupes marocaines, dont la plupart refusaient de le combattre, s'empara d'un de leurs camps, puis de la ville de Taza, et se tourna de nouveau contre les possessions françaises. Enveloppé bientôt par des forces supérieures, il fut contraint de fuir, et, après la mort de ses derniers partisans, il vint se rendre au général Lamoricière, sous la condition d'être mené à Alexandrie ou à Saint-Jean d'Acre. Il fut embarqué pour la France avec sa famille, et après avoir été détenu quelque temps au fort Lamalgue, à Toulon, puis au château de Pau, il fut enfin installé au château d'Amboise. L'Assemblée nationale, plusieurs fois saisie des réclamations du prisonnier, jugea qu'il ne pouvait sans inconvénients revoir la terre d'Afrique. Il fut enfin mis en liberté par l'empereur Napoléon III, à l'occasion même de la proclamation de l'Empire (2 décembre 1852), et en témoigna la plus vive reconnaissance. Il s'embarqua le 21 du même mois avec toute sa suite pour Brousse, où il vécut dans la retraite jusqu'au tremblement de terre qui détruisit cette ville en 1855. Il passa alors à Constantinople.

Depuis il s'est établi à Damas, où, au mois de juin 1860, il prit généreusement la défense des chrétiens contre les fureurs meurtrières des Druses, et mérita d'être fait grand-croix de la Légion d'honneur.

Arrivé à Paris, cette patrie adoptive, l'émir Abd-el-Kader a adressé la lettre suivante à M. Paulin Limayrac.

« Paris, 13 juillet 1865.

« Monsieur,
« J'ai reçu la lettre et les journaux que vous m'avez fait l'honneur
« de m'adresser. Je vous en remercie vivement.
« Dans ma conduite, lors des événements de Damas, ne voyez que
« l'accomplissement d'un devoir que me prescrivaient à la fois ma
« religion et la reconnaissance inaltérable que j'ai vouée à Sa Majesté
« l'empereur Napoléon, qui m'a comblé de ses bienfaits.
« Veuillez agréer, monsieur, l'assurance de ma considération la
« plus distinguée.
« ABD-EL-KADER. »

Nous avions déjà parlé avec quelques détails d'Abd-el-Kader dans la notice qui précède cet ouvrage ; mais nous avons cru devoir ajouter comme supplément une excellente biographie qui est devenue une actualité.

BIOGRAPHIE D'HADJ-AHMED

(*Extrait de* l'Itinéraire *de M. Louis Piesse.*)

Hussein-Dey mit Hadj-Ahmed à la tête du beylik de l'Est. Il gouverna onze ans et fut tout à fait indépendant de 1830 à 1837. Avant la signature de la capitulation d'Alger, Hadj-Ahmed, qui s'était battu vaillamment contre les Français, essaya de persuader à son maître de le suivre à Constantine avec ses trésors. Fort heureusement pour lui, Hussein n'en fit rien; mais son gendre Ibrahim se montra plus confiant et eut lieu de s'en repentir. En effet, lorsqu'il eut livré une somme d'argent considérable, cachée dans la maison de campagne de son beau-père, le bey le renvoya à Alger entièrement dépouillé. Après cet acte de félonie, Hadj-Ahmed voulut rentrer à Constantine; il en trouva les portes fermées : sa déchéance avait été proclamée par la garnison turque. Mais que pouvait faire contre son ambition et son activité une milice indisciplinée, pour laquelle il professait le plus profond mépris? En peu de jours, il rassembla sous ses drapeaux une armée de Kabyles, et, après avoir ressaisi le pouvoir, s'attribua le titre de pacha, qui lui fut confirmé par la Porte.

Un forgeron de la tribu des Beni-Fergen, appelé

Ben-Aïssa, devint son ministre pour ne pas dire son exécuteur des hautes œuvres. Comme si l'extermination des Turcs et le meurtre des principaux habitants de la ville ne suffisaient qu'imparfaitement au maintien de son autorité, il déchaîna sa fureur contre les tribus que révoltaient ses exactions; la razzia fut érigée en système. Il en était venu à ce degré d'audace qui fait qu'un souverain, foulant aux pieds la loi et la religion, ne voit plus dans le peuple qu'une espèce de bétail qu'on exploite et qu'on égorge sans pitié. Ainsi, à la suite d'une expédition contre les Abd-en-Nour, il rapporta 400 têtes qu'il avait fait couper dans cette tribu, et cet horrible trophée fut exposé sur les remparts de la ville pendant plusieurs jours.

Ceux qui ont écrit sa biographie ont oublié de dire qu'il professait un horrible dédain pour la propriété particulière, et que la plus grande partie des matériaux employés dans la construction de son palais a été extorquée aux plus riches habitants de Constantine. Son insatiable convoitise trouvait un perpétuel aliment dans les femmes, les chevaux et les trésors de ses sujets; malheur à ceux qui en possédaient.

Lorsqu'il se fut débarrassé des janissaires, il les remplaça par des Kabyles et par des cavaliers du désert, qui, étrangers au reste de la population, se comportaient comme en pays conquis. Tous ces excès n'étaient pas faits pour lui assurer un appui contre les menaces de la France.

En 1837, il expia son orgueil par la perte de sa

capitale; et c'est à partir de ce moment qu'il passa onze années dans l'Aurès à soutenir contre nos troupes une lutte dont le résultat était facile à prévoir. La politique du commandant de Saint-Germain mit un terme à cet état de choses. Hadj-Ahmed, ayant fait sa soumission entre ses mains, fut amené à Constantine dans les premiers jours de juin 1848, et y reçut l'hospitalité dans ce palais où il avait exercé naguère le pouvoir suprême.

Après trois jours passés à Constantine, il fut transporté à Alger, où le gouverneur général lui fit une réception dont il parle en ces termes dans ses mémoires : « C'était un mardi, 27 redjet 1264 (30 juin 1848). Je fus présenté au gouverneur général, qui me fit entendre, au nom de la France, des paroles dignes de cette grande nation (que Dieu la glorifie). » Une maison mauresque, située au bas de la ville, fut affectée à la demeure du bey déchu, avec un traitement de 12,000 francs.

Hadj-Ahmed était arrivé à Alger atteint d'un catarrhe chronique de la poitrine et brisé par les fatigues d'une vie errante. Ses jours étaient comptés; il mourut au mois d'août 1850. Suivant son désir, il fut inhumé dans la mosquée de Sidi-Abd-er-Rahman.

LISTE DES GOUVERNEURS DE L'ALGÉRIE

Le général Bourmont, 1830.
Le maréchal Clausel, 1830.
Le général Berthezène, 1831.
Le général Rovigo, 1831.
Intérim du général Avizard, 1833.
Intérim du général Woirol, 1833.
Le général Drouet-d'Erlon, 1834.
Intérim du général Rapatel, 1835.
Le maréchal Clausel, 1835.
Intérim du général Rapatel, 1836.
Le maréchal Clausel, 1836.
Le général Damrémont, 1837.
Le maréchal Valée, 1837.
Intérim du général Schram, 1841.
Le général Bugeaud, 1841.
Intérim du général Lamoricière, 1845.
Le maréchal Bugeaud, 1845.
Intérim du général de Bar, 1847.
Intérim du général Bedeau, 1847.
Le duc d'Aumale, 1847.
Intérim du général Changarnier, 1848.
Le général Cavaignac, 1848.
Le général Changarnier, 1848.
Intérim du général Marey-Monge, 1848.

Le général Charon, 1848.
Intérim du général Pélissier, 1850.
Le général d'Hautpoul, 1850.
Le général Randon, 1851.
Intérim du général Renault, 1857.
Ministère de l'Algérie, 1858.
Le général Martimprey, commandant supérieur des forces de terre et de mer, 1858.
Le maréchal Pélissier, 1860.
Intérim du général de Martimprey, 1864.
Le maréchal duc de Magenta, 1864.

BIOGRAPHIE DU MARÉCHAL RANDON

Jacques-Louis-César-Alexandre Randon, ministre de la guerre, sénateur, est né à Grenoble le 25 mars 1794. Neveu du général Marchand, qui fut accusé d'avoir, en 1815, livré Grenoble à l'Empereur, il s'engagea de bonne heure et fit à la grande armée les campagnes de Russie, de Saxe et de France. Sous-lieutenant d'infanterie après la Moscowa, lieutenant et capitaine en 1813, il fut blessé de deux coups de feu à Lutzen et prit part aux événements militaires des Cent-Jours. La paix qui survint et son dévouement à la cause impériale retardèrent sa carrière; mais le gouvernement de Juillet répara l'oubli de la Restauration (1).

Chef d'escadron du 13e chasseurs le 24 septembre 1830, lieutenant-colonel du 9e chasseurs le 1er mai 1835, colonel du 2e régiment de chasseurs d'Afrique le 27 avril 1838, il fut promu au grade de maréchal de camp le 1er septembre 1841, et à celui de lieutenant général le 22 avril 1847.

Après avoir dirigé les affaires de l'Algérie sous le gouvernement provisoire, il fut chargé du commandement de la 3e division militaire à Metz.

(1) Vapereau, *Dictionnaire des contemporains.*

Le 24 janvier 1851 le vit ministre de la guerre ; le 11 décembre de la même année, il partait pour l'Algérie en qualité de gouverneur général.

Sénateur depuis 1852, c'est le 18 mars 1856 qu'il fut élevé à la dignité de maréchal de France.

L'expédition de Kabylie venait d'être décidée. Le commandement en fut confié par l'Empereur au maréchal Randon.

Le 21 mai 1857, l'expédition se mit en marche. — Le 24, l'attaque commençait contre la puissante tribu des Beni-Raten ; elle fit sa soumission le 27, après de sanglants combats, et livra les otages qui lui furent demandés. Un poste militaire fut alors établi sur l'importante position de Souk-el-Arba, et une route de vingt-cinq kilomètres fut percée pour relier ce nouveau poste avec celui de Tizi-Ouzou.

Le 24 juin, la campagne fut reprise. La position d'Ichenden, défendue par 4,000 Kabyles, fut emportée après un combat acharné. Jamais peut-être les Français n'avaient rencontré en Afrique une résistance aussi énergique et aussi savante.

Le 25 juin, le maréchal Randon attaque les Beni-Jenni et réduit cette importante tribu.

Le 30 juin, Aguemoun-Isen, dernier centre de résistance à l'extrémité du territoire des Beni-Raten, est aussi détruit, et le 2 juillet, le pays des Benni-Menguillet était complétement occupé.

De divers points, des tribus kabyles, comprenant leur impuissance, envoyèrent au quartier général porter des paroles de paix et de soumission ; le

11 juillet, le général fit attaquer celles qui étaient demeurées insoumises.

Décidément vaincue après une lutte acharnée, la Kabylie pouvait être désormais considérée comme une dépendance de la domination française. — C'était un grand résultat, et l'expédition de 1857 marquera glorieusement dans les annales, déjà si pleines, de l'armée d'Afrique.

Les campagnes du maréchal Randon sont nombreuses. Il a fait ses premières armes dans les grandes guerres de l'Empire et étudié, sur les champs de bataille de Russie, de Saxe et de France, le rude métier de soldat.

En 1812 il fit la campagne de Russie, en 1813 celle de Saxe, en 1814 et 1815 celles de France.

De 1838 à 1847, il a été employé en Algérie; de 1851 à 1858, il a de sa personne conduit les colonnes victorieuses qui ont ouvert à la France l'accès de la Kabylie.

Chevalier de la Légion d'honneur le 19 octobre 1814; officier le 13 novembre 1822; commandeur le 30 juin 1844; grand-officier le 26 août 1850, et grand-croix le 24 décembre 1853; il porte de plus la médaille militaire.

Le maréchal Randon est à la fois une de nos gloires militaires et l'une des plus grandes capacités administratives de l'armée, à la tête de laquelle l'a placé, au mois de mars 1859, la haute confiance de l'Empereur, en l'élevant au poste éminent de ministre de la guerre.

BIOGRAPHIE DU MARÉCHAL DUC DE MALAKOFF

Amable-Jean-Jacques Pélissier est né à Maromme (Seine-Inférieure), le 6 novembre 1794. Entré au service à sa sortie du lycée de Bruxelles, il fut successivement admis aux écoles militaires de la Flèche et de Saint-Cyr, d'où il sortit comme sous-lieutenant en 1815 pour entrer dans l'artillerie de la maison du roi ; il entra ensuite au 57e de ligne.

Après de brillants examens, où il reçut le grade d'aide-major dans le corps d'état-major formé en 1819, il se fit remarquer comme lieutenant d'état-major aide de camp du général Grundler pendant la campagne d'Espagne, en 1823, et reçut les croix de la Légion d'honneur et de Saint-Ferdinand. De 1824 à 1826, il fut aide de camp des généraux Bourke, Vallin et Léon des Essarts.

Capitaine au corps d'état-major le 3 juin 1828.

Après avoir fait les campagnes de Grèce, il reçut les croix de Saint-Louis et de l'ordre grec du Sauveur.

Sa brillante conduite pendant l'expédition de l'Algérie, en 1830, lui valut les grades d'officier de la Légion d'honneur et de chef de bataillon au corps d'état-major.

Lieutenant-colonel et chef d'état-major de la troisième division des troupes placées sous le commandement du général Schramm en 1839, à Alger, il fut nommé colonel et sous-chef d'état-major de l'armée d'Afrique le 8 juillet 1843, puis commandeur de la Légion d'honneur le 6 août 1843.

L'affaire des Ouled-Riah lui valut, en 1845, le grade de général de brigade.

Après avoir fait toutes nos glorieuses campagnes d'Afrique, après avoir constamment déployé les plus grands talents militaires et administratifs, il reçut, le 15 avril 1850, le grade de général de division. Nommé grand-officier de la Légion d'honneur le 10 décembre 1851, décoré de la médaille militaire le 15 août 1852, et grand-croix le 24 décembre 1853, le général Pélissier commandait la division d'Oran, quand il fut appelé, le 10 janvier 1855, au commandement du premier corps de l'armée d'Orient, attaché aux travaux du siége de Sébastopol et composé des divisions Forey, Levaillant, Pasé et de Salles.

Bientôt le général Canrobert, souffrant d'une ophthalmie cruelle, dut résigner le commandement en chef, qui passa entre les mains du général Pélissier.

Ses succès en Crimée ont retenti dans toute l'Europe, et la chute de Sébastopol, en couronnant une longue suite de glorieux services rendus à son pays, lui valurent le grade de maréchal de France. Le sultan, la reine d'Angleterre et la reine d'Espagne lui conférèrent les ordres du plus haut mérite.

Le maréchal Pélissier, nommé gouverneur de l'Algérie en 1860, termina ses jours dans la colonie le 22 mai 1864.

BIOGRAPHIE DU DUC DE MAGENTA

Le maréchal comte de Mac-Mahon (Marie-Edme-Patrice-Maurice), duc de Magenta, est né au château de Sully (Saône-et-Loire), près d'Autun, le 13 juin 1808.

Il descend d'une noble et ancienne famille irlandaise qui se dévoua au dernier Stuart et le suivit dans l'exil. Les Mac-Mahon s'unirent naturellement en France à la plus vieille noblesse du pays, et ce fut en vertu d'une de ces alliances qu'ils héritèrent du magnifique château et des domaines étendus de l'ami et du grand ministre de Henri IV. Le père du maréchal actuel servit lui-même dans les hauts rangs de l'armée, et épousa une héritière de la maison ducale de Caraman; il en eut huit enfants, dont le dernier est le héros de la tour Malakoff et de Magenta. Son oncle, le marquis de Mac-Mahon, fut pair de France et grand-croix de l'ordre de Saint-Louis.

Quant à lui, il entra comme élève à l'école militaire de Saint-Cyr le 14 novembre 1825, puis à l'école d'état-major le 1er octobre 1827. Le lieutenant Mac-Mahon fut successivement détaché au 4e de hussards et au 20e de ligne. Ce fut en cette dernière qualité qu'il fit l'expédition d'Alger, où il devint officier d'ordonnance du général Achard.

C'est à cette époque de sa vie que se rapporte ce trait d'intrépidité extraordinaire. Après le combat du col de Mouzaïa, le général Achard lui dit : « Vous chargez-vous de porter au colonel Rulhières, à Blida, l'ordre de changer son mouvement? Comme la mission est dangereuse, je vous donnerai, si vous voulez, un escadron d'escorte. » Mac-Mahon refusa l'escorte en disant que c'était trop ou trop peu, et qu'il préférait aller seul. Arrivé à une demi-lieue de Blida, il vit la route couverte de cavaliers ennemis ; mais ce danger ne l'arrêta pas, et il courut droit sur un précipice profond nommé le ravin de Blida. Il y poussa son cheval pur sang. Les Arabes n'osèrent le poursuivre dans ce gouffre, et il put remplir sa mission.

Il serait long de suivre le maréchal de Mac-Mahon dans toutes les positions diverses qu'il occupa. Les généraux Bellair, Bro, Damrémont, d'Houdetot, Changarnier, l'ont eu successivement pour aide de camp. Avec le général Achard, il fit la campagne de Belgique; avec le général Damrémont, le second siége de Constantine, où il se distingua particulièrement.

Il fut fait chef d'escadron le 28 octobre 1840, et immédiatement nommé au commandement du 10ᵉ bataillon de chasseurs à pied. Le 31 décembre 1842, il fut fait lieutenant-colonel de la légion étrangère, et le 24 août 1845, colonel du 41ᵉ de ligne, d'où il passa ensuite au 9ᵉ de la même arme.

Sa nomination au grade de général de brigade date du 12 juin 1848, et sa promotion à celle de général de division du 16 juillet 1852. En ces deux qualités, il commanda la province d'Oran par intérim, et titulairement celle de Constantine.

Sa carrière militaire avait été d'ailleurs, et jusque-là, consacrée principalement à l'Afrique, où il avait pris part à de nombreuses expéditions, parmi lesquelles celles du bois d'Oliviers, de Biskara et des Ziban, d'Aïn-Kebra, de l'est de Constantine, etc., etc.

En 1855 (3 août), il fut appelé à commander la 1ʳᵉ division d'infanterie du 2ᵉ corps de l'armée d'Orient, puis le corps de réserve de la même armée (19 novembre). On sait la part qu'il prit au mémorable siége de Sébastopol ; c'est à lui qu'est dû l'enlèvement de Malakoff.

Il fut élevé à la dignité de sénateur le 1ᵉʳ août 1856, puis mis à la disposition du gouverneur général de l'Algérie pour commander une division active.

Le 31 août 1858, il fut nommé commandant supérieur des forces de terre et de mer de notre colonie, d'où il n'est sorti (22 avril 1859) que pour prendre le commandement du 2ᵉ corps de l'armée d'Italie, avec lequel il prit la principale part à la victoire de Magenta (4 juin), après avoir gagné la veille le combat de Turbigo. Il fut fait duc de Magenta et maréchal de France sur le champ de bataille.

Après la mort du duc de Malakoff, le maréchal

de Mac-Mahon a été appelé au gouvernement de l'Algérie : ses éminentes qualités comme administrateur et comme militaire lui ont valu l'affection et le respect de tous.

ITINÉRAIRE DE L'EMPEREUR

Le *Moniteur de l'Algérie* vient de publier le chiffre des distances kilométriques parcourues par l'Empereur dans l'Afrique française. Voici cet itinéraire et l'indication des distances :

Alger à El-Biar, Chéragas, Staouéli, Sidi-Ferruch, Guyotville, Saint-Eugène, et retour à Alger, 54 kilomètres ; Alger à Boufarik, Oued el Aleug, Koléa, et retour à Alger, 91 ; Alger à Milianah, 125 ; Milianah à Alger, par Marengo, Bourkika et Blidah, 137 ; Alger à Blidah et Médéah, 90 ; Médéah à Alger, 90 ; Alger à Oran (par mer) 288 ; Oran à la Sénia, Misserghin, et retour à Oran, 34 ; Oran à Sidi-bel-Abbès, par le Tlélat, 85 ; Sidi-bel-Abbès à Oran, 85 ; Oran à Saint-Denis du Sig, 53 ; Saint-Denis du Sig à Oran, 53 ; Oran à Mostaganem, 79 ; Mostaganem à Relizane, 59 ; Relizane à Mostaganem, 59 ; Mostaganem à Alger (par mer) 224 ; Alger à Fort-Napoléon, 131 ; Fort-Napoléon à Alger, 131 ; Alger à Philippeville (par mer) 280 ; Philippeville à Constantine, 85 ; Constantine à Biskra, 232 ; Biskra à Batna, 115 ; Batna à Lambèse, 10 ; Lambèse à Batna, 10 ; Batna à Constantine, 117 ; Constantine à Philippeville, 85 ; Philippeville à Bône (par mer), 74 ; Bône à Bougie (par mer), 208. Total, 3,084.

Dans ce chiffre de 3,084 kilomètres, ne sont pas comprises les distances parcourues par l'Empereur dans ses promenades ou excursions autour des villes dans lesquelles il a séjourné.

Si l'on ajoute le nombre de kilomètres ou lieues marines séparant le littoral algérien de la métropole, et la distance jusqu'à Paris, nous avons : Paris à Marseille, 857 ; Marseille à Palma et Palma à Alger, 850 ; Bougie à Toulon, 800 ; Toulon à Paris, 900. En tout, 3,407.

Ce qui donne, pour l'ensemble du voyage, un total général de 6,491 kilomètres (soit 1,622 lieues).

TABLE DES MATIÈRES

	Pages.
Lettre à M. Eug. Rick (de l'Isère)	5
Sénatus-Consulte	8

NOTICE HISTORIQUE SUR L'ALGÉRIE

	Pages.
Les temps fabuleux. — Carthage et Rome	9
Les Romains en Algérie	12
Les Vandales	14
Bélisaire en Afrique	16
La domination byzantine	17
Les Arabes en Algérie	17
La régence d'Alger	19
Expéditions de Charles-Quint contre Tunis et contre Alger	24
La piraterie algérienne	27
Le duc de Beaufort	28
Duquesne, Tourville et le maréchal d'Estrées	29
Commencement des deys d'Alger	30
Guerres avec les Espagnols	32
Premiers démêlés avec la France. — Expédition de lord Exmouth	33
Nouvelles pirateries des Algériens. — Outrage fait au consul de France	35
Blocus d'Alger. — Préparatifs de guerre	38
Départ de la flotte. — Débarquement à Sidi-Ferruch	41
Bataille de Staoueli	43
Prise d'Alger	44
Le général Clausel	48
Le général Berthézène et ses successeurs	49
Première expédition contre Constantine	51
Seconde expédition contre Constantine. — Mort du général Damrémont	53
Assaut de Constantine. — Combes. — Lamoricière	54
Abd-el-Kader	59
Traité de la Tafna	60
Les Portes de Fer	62
Le maréchal Bugeaud	64
Prise de la Smalah	64
Guerre contre le Maroc	65
Incursions d'Abd-el-Kader. — Les Ouled-Reiah	66
Soumission d'Abd-el-Kader	69
L'Algérie sous la République. — Siége de Zaatcha. — Laghouat. Proclamation de l'Empire. — Mise en liberté d'Abd-el-Kader. — Expédition de Kabylie. — Premier voyage de l'Empereur en Algérie	69, 70

Le Voyage de l'Empereur Napoléon III en Algérie

	Pages.
INTRODUCTION	75

PREMIÈRE PARTIE

ALGER

	Pages.
Le départ	81
Arrivée à Lyon	82
Visite à la Croix-Rousse	85
Rencontre avec la famille impériale de Russie	86
Arrivée à Marseille	87
Embarquement. — Revue de l'escadre cuirassée	88
Accident du *Daim*	92
La traversée. — Relâche à Palma	93

	Pages.		Pages.
Arrivée à Alger	95	L'Empereur et le clergé musulman	124
Excursion à Sidi-Ferruch	100	Fête au palais d'Été	125
Proclamation de l'Empereur aux Arabes	106	Visite au bassin de radoub et au Jardin d'acclimatation	129
Excursion à Bouffarick	110	Voyage à Blida et à Médéa	130
Koléa	116	Départ pour Oran	136
Miliana	119		
Retour à Alger	123		

DEUXIÈME PARTIE

ORAN

	Pages.		Pages.
Arrivée de l'Empereur	137	Constantine	172
Réception du caïd d'Ouchda. — Excursion à Misserghin	142	Excursions de Sa Majesté	180
Voyage à Sidi-bel-Abbès	146	Départ pour Batna. — Enthousiasme des goums. — Batna	182
Excursion à Mers-el-Kébir	153	Départ pour Biskra	187
Détails historiques	153	Biskra. — Retour à Constantine	190
Manœuvres navales	155	Second séjour à Constantine	192
Excursion à Saint-Denis du Sig	156	Départ pour Bône	193
Départ d'Oran. — Mazagran	157	Retour à Philippeville	194
Les Flittas-Relizane	161	Arrivée à Bône	195
Départ pour Alger	163	Bougie. — Proclamation à l'armée. — Embarquement pour la France	198
Voyage à Fort-Napoléon	164	La traversée. — Toulon. — Lyon	201
Revue de la flotte cuirassée. — Allocution de l'Empereur. — Visite à bord de l'*Italia*	168	Rentrée à Paris	202
Départ d'Alger. — Débarquement à Philippeville. — Entrée à		Considérations	203
		Régence de l'Impératrice	209

SUPPLEMENT

	Pages.		Pages.
Biographie d'Hussein-Dey	215	Biographie du maréchal Randon	230
Biographie d'Abd-el-Kader	219	Biographie du maréchal duc de Malakoff	233
Biographie d'Hadj-Ahmed	225	Biographie du duc de Magenta	235
Liste des gouverneurs de l'Algérie	228	Itinéraire de l'Empereur	238

FIN DE LA TABLE DES MATIÈRES

Paris. — Imprimerie du **Corps Législatif**, POUPART-DAVYL et Cie, 30, rue du Bac.

www.ingramcontent.com/pod-product-compliance
Lightning Source LLC
Chambersburg PA
CBHW071936160426
43198CB00011B/1422